A SUS PUESTOS, LISTOS... ¡ORO!

PARA GWEN,
«PONEN UNA PELI BUENA ESTA NOCHE...»
S. A.

PARA MIS PEQUEÑOS CAMPEONES,
JULIETTE Y BASILE
A. C.

Traducido por Pepa Arbelo

Título original: *On your marks, get set... gold!*
Nosy Crow, 2020

© Del texto: Scott Allen, 2020
© De la ilustración: Antoine Gorbineau, 2020
© De esta edición: Grupo Editorial Luis Vives, 2020

ISBN: 978-84-140-2964-0
Depósito legal: Z 2185-2019

Impreso en China

A SUS PUESTOS, LISTOS... ¡ORO!

UNA GUÍA COMPLETA Y DIVERTIDA DE LOS DEPORTES OLÍMPICOS Y PARALÍMPICOS

IDEAKA
EDELVIVES

Índice

HASTA EL LÍMITE

DEPORTES DE RAQUETA

Por todo lo alto

INTRODUCCIÓN

Hola y bienvenido a tu guía de los Juegos Olímpicos y Paralímpicos, donde encontrarás información y diversión a raudales. Puede que algunos deportes ya los hayas practicado, que otros te suenen pero no los hayas probado y que algunos te resulten totalmente desconocidos. Recuerda que cada uno de los deportes que se incluyen en esta guía te ofrece una oportunidad muy especial: la de ganar una medalla de oro olímpica.

Sin embargo, para convertirte en un deportista olímpico de élite necesitas dedicación, voluntad, habilidad y una pizca de suerte. La mayoría de los deportistas que consiguen una medalla de oro en las Olimpiadas empiezan desde la escuela; algunos incluso cuando aún llevan pañales. Deben enfrentarse a un torbellino de emociones y de sacrificios físicos, pero los mejores deportistas se mantienen firmes, aprietan los dientes y luchan por alcanzar la gloria.

Nadie gana una medalla de oro olímpica sin dedicarle un esfuerzo enorme, ya que el entrenamiento es fundamental. Hay muchas formas y métodos de entrenamiento, y en esta guía puede que encuentres la ventaja que necesitas para superar a tus rivales (o un modo de enfadar a tu padre por estropear la moqueta). Ya sabes que en el mundo del deporte todos deben hacer sacrificios... hasta los padres.

Esperamos que esta guía te sirva de inspiración para implicarte. ¿Qué es eso de pensar que nunca podrás llegar a competir en una Olimpiada? ¡Eso es de perdedores! Todo el mundo tiene potencial para destacar en algún deporte e incluso en más de uno. Solo tienes que descubrir cuál es el que más te gusta y practicar para alcanzar la excelencia. Quizá te consideres un futbolista o un nadador del montón, pero ¿acaso has probado el waterpolo o la lucha? ¿Te has subido alguna vez a lo alto de un trampolín y has saltado desde ahí? ¿O has logrado que un caballo se mueva al compás de la música? Probablemente no. Sin embargo, si decides intentar algo nuevo, puede que descubras que ocultas un talento increíble con el que dejar al mundo boquiabierto.

Incluso si no consigues una medalla de oro olímpica, la experiencia te servirá para aprender habilidades básicas muy importantes. Harás nuevas amistades, formarás parte de un equipo, te pondrás en forma y llevarás una vida sana y, sobre todo, te lo pasarás en grande. Son muchos los deportistas olímpicos con gran valor que ni siquiera se acercan al podio, pero que sirven de inspiración a generaciones de deportistas jóvenes en todo el mundo. Así que, ¿a qué esperas?

A SUS PUESTOS, LISTOS, ¡ORO!

¿CÓMO COMENZARON LOS JUEGOS OLÍMPICOS?

Lo primero que debes recordar es que hay dos tipos de Juegos Olímpicos de Verano: los antiguos y los modernos, y que entre ambos hay 1500 años de diferencia. Desde 1960, también se celebran los Juegos Paralímpicos. Aquí tienes una guía breve para que no los confundas.

Juegos Olímpicos en la Antigüedad

Años de actividad: Del 776 a. C. hasta el 393 d. C.

Inventor: Los antiguos griegos.

Sede: Olimpia.

Competidores: Los hombres griegos. A las mujeres solo se les permitía ser propietarias o entrenadoras de caballos en las pruebas ecuestres.

Deportes incluidos: Atletismo, boxeo, lucha, pentatlón y pruebas ecuestres.

Equipamiento: No se usaba mucho, ni tampoco llevaban mucha ropa.

Premios: Una corona de olivo hecha con ramas de la arboleda sagrada de Zeus. No había segundo ni tercer premio. Los mejores inspiraban estatuas, canciones y relatos.

Estrellas:
- **Leónidas de Rodas:** Atletismo. Ganador de doce coronas individuales (un récord imbatido hasta 2016).
- **Cinisca de Esparta:** Equitación, cuadrigas. Primera mujer ganadora de unas Olimpiadas.
- **Milón de Crotona:** Lucha. Ganador en seis ocasiones. También es famoso por cargar toros sobre los hombros y por destrozar árboles con las manos.

Juegos Olímpicos modernos

Años de actividad: Desde 1896 hasta la actualidad.

Inventor: Barón Pierre de Coubertin, aristócrata y académico francés. Ganó una medalla de oro en las Olimpiadas de 1912, ¡con un poema!

Sedes: Ciudades de todo el mundo, aunque los Juegos Olímpicos nunca se han celebrado en África.

Competidores: Cualquier país que cuente con un Comité Olímpico Nacional.

Deportes incluidos: Consúltalos en las páginas 10-90.

Equipamiento: Los hay de todos los tipos, aunque probablemente lo más importante sean un par de zapatillas.

Premios: Una medalla de oro, plata o bronce; y la fama en tu país, numerosas apariciones en televisión y contratos de patrocinio. Los mejores aún inspiran estatuas, canciones y relatos.

Estrellas:
- **Michael Phelps:** EE. UU., natación. 28 medallas (23 de oro).
- **Larisa Latynina:** Rusia, gimnasia. 18 medallas (9 de oro).
- **Nikolai Andrianov:** Rusia, gimnasia. 15 medallas (7 de oro).

Juegos Paralímpicos

Años de actividad: Desde 1960 hasta la actualidad.

Inventor: El doctor Ludwig Guttman organizó los Juegos de Stoke Mandeville para deportistas en silla de ruedas. No se llamaron Paralímpicos hasta 1988. «Para» significa «junto a», y muestra que que ambos juegos se celebran de forma coordinada.

Sedes: En la misma ciudad que los Juegos Olímpicos.

Competidores: Hasta 1976 solo participaban deportistas en silla de ruedas. Desde ese año, se ha ido ampliando, y hay participantes con otras discapacidades.

Deportes incluidos: Casi los mismos que en los Juegos Olímpicos. Existen dos exclusivos de los Juegos Paralímpicos: goalball y boccia.

Equipamiento: Algunos deportistas paralímpicos disponen de equipo específico adaptado, como las prótesis para correr.

Premios: Los mismos que en las Olimpiadas. ¡Las medallas son lo que cuenta!

Estrellas:
- **Trischa Zorn:** EE. UU., natación. 55 medallas (41 de oro).
- **Roberto Marson:** Italia, atletismo y esgrima. 26 medallas (16 de oro).
- **Heinz Frei:** Suiza, atletismo y esgrima. 26 medallas (14 de oro).

JUEGOS OLÍMPICOS DE VERANO

1896
ATENAS, GRECIA
Las primeras Olimpiadas modernas. Compitieron 14 países; ¡Ahora son más de 200!

1900
PARÍS, FRANCIA
La primera vez que participaron mujeres y que hubo una prueba del juego de la cuerda.

1904
SAN LUIS, EE. UU.
Se concedieron medallas de oro, plata y bronce, por primera vez.

1908
LONDRES, REINO UNIDO
Los duelos hicieron su primera y última aparición. Los competidores se disparaban balas de cera.

1920
AMBERES, BÉLGICA
El sueco Oscar Swahn se convirtió en el medallista olímpico de más edad de la historia, con 72 años.

1916
BERLÍN, ALEMANIA
Cancelados debido a la Primera Guerra Mundial.

1912
ESTOCOLMO, SUECIA
Se introdujeron competiciones artísticas, con medallas en literatura, música, escultura, pintura y arquitectura.

1924
PARÍS, FRANCIA
Las carreras de larga distancia las dominaron un grupo de deportistas de Finlandia conocido como los «finlandeses voladores».

1928
ÁMSTERDAM, PAÍSES BAJOS
Primera aparición de la antorcha olímpica.

1932
LOS ÁNGELES, EE. UU.
Se utilizó por primera vez el podio, para los ganadores de las medallas.

1936
BERLÍN, ALEMANIA
Los primeros juegos que se retransmitieron en directo por TV y donde se introdujo el relevo de la antorcha.

1948
LONDRES, REINO UNIDO
La velocista holandesa Fanny Blankers-Koen ganó cuatro oros y recibió el apodo de «el ama de casa voladora».

1944
LONDRES, REINO UNIDO
Cancelados debido a la Segunda Guerra Mundial.

1940
TOKIO, JAPÓN
Cancelados debido a la Segunda Guerra Mundial.

1952
HELSINKI, FINLANDIA
El checo Emil Zátopek ganó el oro en los 5000 metros, los 10 000 metros y la maratón. No había corrido una maratón jamás.

1956
MELBOURNE, AUSTRALIA
Debido a las estrictas normas para introducir animales en el país, las pruebas hípicas se celebraron en Suecia.

1960
ROMA, ITALIA
Se celebraron los primeros Juegos Paralímpicos oficiales.

1964
TOKIO, JAPÓN
El etíope Abebe Bikila fue la primera persona en revalidar su título en una maratón.

1976
MONTREAL, CANADÁ
La gimnasta rumana de 14 años Nadia Comăneci obtuvo por primera vez en la historia una puntuación de 10.

1972
MÚNICH, ALEMANIA
El nadador estadounidense Mark Spitz ganó siete medallas de oro, cada una con un nuevo récord mundial.

1968
CIUDAD DE MÉXICO, MÉXICO
Dick Fosbury ganó el oro en salto de altura con su nuevo estilo, conocido como *Fosbury Flop*.

1980
MOSCÚ, URSS
Hubo 66 países que no acudieron por motivos políticos y la URSS obtuvo 195 medallas.

1984
LOS ÁNGELES, EE. UU.
La URSS y otros 13 países boicotearon los Juegos y EE. UU. cosechó nada menos que 174 medallas.

1988
SEÚL, COREA DEL SUR
La esgrimista sueca Kerstin Palm se convirtió en la primera mujer que participaba en siete Juegos Olímpicos.

1992
BARCELONA, ESPAÑA
El gimnasta bielorruso Vitaly Scherbo obtuvo seis medallas de oro; ¡cuatro de ellas en el mismo día!

2004
ATENAS, GRECIA
La kayakista alemana Birgit Fischer ganó la última de sus ocho medallas de oro, obtenidas en seis juegos distintos.

2000
SÍDNEY, AUSTRALIA
El remero británico Steve Redgrave se convirtió en el primer deportista en conseguir medalla de oro en cinco Olimpiadas consecutivas.

1996
ATLANTA, EE. UU.
La leyenda estadounidense en velocidad y salto de longitud Carl Lewis ganó el último de sus nueve oros olímpicos.

2008
BEIJING, CHINA
El nadador estadounidense Michael Phelps se convirtió en el deportista con más éxito en unos Juegos Olímpicos, al ganar ocho medallas de oro.

2012
LONDRES, REINO UNIDO
El jinete canadiense Ian Millar participó en sus décimos Juegos Olímpicos, un récord olímpico sin igual en ningún otro.

2016
RÍO DE JANEIRO, BRASIL
Usain Bolt se convirtió en el único velocista que ha ganado los 100 metros y los 200 metros en tres Olimpiadas consecutivas.

2020
TOKIO, JAPÓN
Tokio es sede por segunda vez, con nuevos deportes: kárate, escalada deportiva, surf y monopatín.

BALONCESTO

¿EN QUÉ CONSISTE?

Un deporte de equipo en el que unos jugadores superaltos lanzan un gran balón naranja a través de un aro que cuelga a gran altura.

Reglamento

Dos equipos de cinco jugadores tienen que introducir el balón en el aro del equipo contrario. Para avanzar con la pelota, deben regatear haciéndola botar contra la cancha o pasársela a alguno de sus compañeros. Se consiguen dos puntos por encestar desde dentro de la línea de tres puntos y tres si se anota desde fuera. No se permite empujar a los jugadores contrarios, aunque es muy fácil que ocurra. Gana el equipo que más puntos haya sumado al finalizar los cuatro cuartos.

UN POCO DE HISTORIA

El baloncesto no se inventó hasta 1891, fecha en que se utilizó un cesto de melocotones como canasta, por lo que es un deporte relativamente joven. Se extendió con rapidez por las universidades estadounidenses y después por el resto del mundo. Debido a su popularidad, en 1936 se convirtió en deporte olímpico. El baloncesto en silla de ruedas ha formado parte de los Juegos Paralímpicos desde sus inicios, en 1960.

CINTA DEL PELO
En el baloncesto se suda mucho; así evitas mojar la cancha.

GAFAS DEPORTIVAS
Imprescindibles si no tienes una vista perfecta.

VISTA EN DETALLE

ARO
Mide 45,7 centímetros y resistencia suficiente como para que los jugadores se cuelguen de él durante un mate.

ZAPATILLAS ALTAS
El soporte en los tobillos y las suelas con cámara de aire ayudan en los saltos más potentes.

LÍNEA DE TIRO LIBRE
Los jugadores lanzan desde aquí cuando les hacen falta. Cada tiro vale un punto.

ENTRENAMIENTO

Botar un balón es un movimiento bastante natural, así que practícalo muchas veces mientras corres. Después, detente a mitad de la carrera y lanza la pelota contra la parte de arriba de un muro muy alto. Cuando cojas soltura, añade todos los trucos que se te ocurran para que mole más.

VENTAJAS

Es rápido y se anotan muchos puntos. Los partidos nunca terminan 0-0. Es más probable que queden 98-102, y eso son un montón de canastas. Aunque no seas muy bueno, tienes posibilidades de encestar. Tú lanza el balón y ya veremos qué pasa.

DESVENTAJAS

Algunos jugadores de baloncesto acaparan el balón, así que quizá tengas la impresión de que pasas todo el tiempo corriendo por la pista sin llegar a tocarlo.

TABLERO
Siempre transparente, para que los espectadores de detrás no se pierdan detalle del partido.

BALÓN
En otras épocas, eran pesados y rebotaban muchísimo. Ahora son más ligeros, aunque siguen rebotando una barbaridad.

CANASTA
Tiene un agujero en la base, así que como canasta tampoco sería gran cosa.

HABILIDADES NECESARIAS
Cualquiera puede jugar al baloncesto, pero ayuda ser alto. La altura media de los jugadores es de 202 centímetros, mientras que la de las jugadoras es de 185 centímetros. Y aunque la altura es un extra, también lo son la velocidad, la agilidad y el manejo del balón.

La altura no es importante para jugar al baloncesto en silla de ruedas, pero necesitas buen equilibrio, habilidad y unas muñecas, hombros y brazos fuertes.

LESIONES
Con tanto driblar, girar y saltar, los jugadores de baloncesto se lesionan con frecuencia los tobillos y los pies. Además, el balón es grande y hace mucho daño si te llevas un golpe en las puntas de los dedos, así que asegúrate de aprender a cogerlo bien.

LA ZONA
Si estás atacando, no te quedes aquí más de tres segundos o les darán el balón a tus rivales.

LÍNEA DE TRES PUNTOS
Si tiras desde fuera, tu canasta vale tres puntos. Todo lo que anotes dentro de esta línea vale dos puntos.

Jerga para entendidos

ALLEY-OOP
Un jugador atrapa un pase en el aire y lo encesta directamente en la canasta.

MATE
Machacar el aro para meter el balón.

PASOS
Correr con el balón en las manos, sin botarlo. ¡Es falta!

SOBRE LA BOCINA
Tiro que se lanza en el último segundo del partido.

PROBABILIDADES DE CONVERTIRTE EN UN CAMPEÓN

Escasas   Normales   Buenas   Fantásticas

s muy difícil. El baloncesto es uno de los deportes más populares del mundo; solo en EE. UU. lo practican más de 20 millones de personas. Mejor empieza a entrenar ya mismo.

LOS MEJORES
No es de extrañar que EE. UU. haya dominado el baloncesto olímpico, tanto masculino como femenino. Han ganado 28 medallas, 23 de ellas de oro. Le sigue Rusia con 12.

FÚTBOL

¿EN QUÉ CONSISTE?

Dos equipos de once jugadores intentan colarle un balón lanzado con los pies al guardameta de la portería rival. Después de marcar gol, lo celebran con aspavientos o con algún bailecito ridículo.

Reglamento

Hoy en día, el fútbol tiene un sinfín de normas, pero básicamente los dos equipos deben meter la pelota en la portería contraria golpeándola solo con el pie o la cabeza. El portero es el único al que se le permite tocar el balón con las manos, y exclusivamente en su propia área. Pueden expulsarte por hacerles falta a tus rivales.

HABILIDADES NECESARIAS

Para ser futbolista de élite se agradecen todo tipo de habilidades, aunque no todas ellas son imprescindibles. Para jugar de guardameta, ayuda ser alto y diestro con las manos. Los defensas deben ser fuertes y buenos haciendo entradas y despejando con la cabeza. Los centrocampistas tienen que ser rápidos, capaces de fintar y hábiles en los pases y en las entradas. Los delanteros necesitan velocidad y buena puntería.

UN POCO DE HISTORIA

Ya en el año 300 a. C. surgió en China una primera versión del fútbol. Desde entonces, distintas civilizaciones antiguas han practicado deportes en los que se usan los pies. Sin embargo, el fútbol no empezó a tomar fuerza hasta la Edad Media en el Reino Unido. En 1863 la *Football Association* redactó un reglamento en condiciones. Debutó en los Juegos Olímpicos en 1900, pero solo se inscribieron tres equipos y no se concedió ninguna medalla.

PORTERÍAS

Miden 7,32 metros de ancho y 2,44 metros de alto, así que son ideales para columpiarte si te aburres de estar de cancerbero y toda la acción se concentra en la mitad contraria del campo.

BRAZALETE DE CAPITÁN

Este jugador lidera el equipo, lanza la moneda al comienzo y es quien más grita a sus compañeros y al árbitro.

VISTA EN DETALLE

BOTAS DE FÚTBOL

Ahora las hay de todos los colores imaginables; además, llevan tacos para mejorar el agarre.

LESIONES

Es habitual que los futbolistas pasen mucho tiempo tirados sobre el césped y haciendo gestos de dolor como si les hubieran pegado con un barrote de hierro para, unos instantes después, estar como si nada. Esto se conoce como piscinazo.

BALÓN

Antes se hacían con vejigas de cerdo o con cuero pesado, pero ahora se fabrican con polipiel y un acabado plástico y son mucho más ligeros.

RED
Evita que el balón salga volando hacia el público y se estampe en la cara de alguien.

PROBABILIDADES DE CONVERTIRTE EN UN CAMPEÓN

Escasas ↑ Normales Buenas Fantásticas

El fútbol es el deporte más popular en el mundo. Todos quieren ser futbolistas profesionales.

GUANTES DE PORTERO
Protegen los dedos y ayudan a los guardametas a agarrar mejor el balón.

VENTAJAS
Los futbolistas se cuentan entre los más ricos y famosos del mundo.

DESVENTAJAS
Ser rico y famoso a veces no resulta tan maravilloso como parece.

TARJETA ROJA
Si te sacan una de estas quedas expulsado y ya puedes irte a los vestuarios a llorar un rato.

ENTRENAMIENTO
Coge un balón y trata de controlarlo dándole toques con los pies y la cabeza sin que caiga al suelo. Luego busca una pared y chuta contra ella hasta que te canses. Imagina que estás lanzando el gol definitivo en la final.

ÁRBITRO
La persona al mando durante el partido.

Jerga para entendidos

CAÑO
Pasar el balón entre las piernas de tu adversario y recuperarlo al otro lado.

RABONA
Forma de golpear el balón pasando un pie por detrás de la pierna que soporta el peso.

TIKI-TAKA
Estilo de juego con pases y movimientos cortos y rápidos.

TIRAR A LAS NUBES
Dar una patada al balón hacia el público lo más lejos posible en un intento de perder tiempo.

CENICIENTA
Equipo que no se espera que gane.

ESPINILLERAS
Protecciones para las espinillas, que se colocan debajo de las medias. Vienen genial en las entradas.

LOS MEJORES

Las reinas del fútbol olímpico son las jugadoras del equipo de EE. UU., que han ganado cuatro medallas de oro y una de plata. En la categoría masculina, Hungría se ha llevado tres oros, una plata y un bronce, mientras que el récord de medallas lo ostenta Brasil, con seis, aunque solo una de ellas es de oro.

13

Goalball

¿EN QUÉ CONSISTE?

Deporte de equipo en el que los jugadores hacen rodar un balón de goma dura, que lleva dos cascabeles en su interior, hacia una gran portería con la intención de marcar.

Un poco de historia

El goalball se inventó tras la Segunda Guerra Mundial como ayuda para los soldados con discapacidad visual. Alcanzó tanta popularidad que en 1976 se convirtió en deporte paralímpico en la categoría masculina, y en 1984 en la femenina. El goalball es uno de los dos únicos deportes paralímpicos que no tienen un equivalente en las Olimpiadas.

VISTA EN DETALLE

ANTIFACES

El goalball lo practican deportistas con distintos grados de discapacidad visual, por lo que los jugadores llevan un antifaz opaco para igualar las condiciones de juego. No pueden tocar el antifaz sin permiso del árbitro.

HABILIDADES NECESARIAS

Para imprimir potencia al balón y hacerlo rodar a más velocidad, a veces los jugadores giran su cuerpo 360 grados antes de lanzar. Así consiguen que rebote ligeramente y resulte más difícil detenerlo.

Los jugadores necesitan una gran habilidad y conocimientos tácticos, además de una gran capacidad de reacción. Apenas tienen un segundo de descanso.

LESIONES

Los jugadores de goalball utilizan cualquier parte del cuerpo para impedir que el balón entre en la portería, así que más vale que te prepares para detener alguno con la cara.

Reglamento

El objetivo del goalball es marcar todos los goles posibles, en dos tiempos de doce minutos cada uno, haciendo rodar un balón hasta la red del contrario. El equipo defensor intenta bloquear la pelota con el cuerpo, estirándose todo lo posible. Es como tener que batir a tres guardametas.

Se trata de un deporte muy veloz. Cada equipo cuenta con tres jugadores en el campo en todo momento, además de tres suplentes, y solo disponen de diez segundos para lanzarle el balón al equipo rival. ¡A veces alcanzan los 80 kilómetros por hora! El público debe guardar silencio absoluto mientras el balón está en juego, para que los jugadores puedan escucharlo y entenderse entre ellos, pero sí que se permite celebrar los goles.

VENTAJAS

Existen muy pocos deportes exclusivos para los deportistas con discapacidad visual. Además, es muy rápido y, al haber tan solo tres jugadores en cada equipo, siempre estarás en el centro de la acción.

DESVENTAJAS

La mayor parte del partido estás en el suelo. Si hay mucho público cuesta más que guarden silencio.

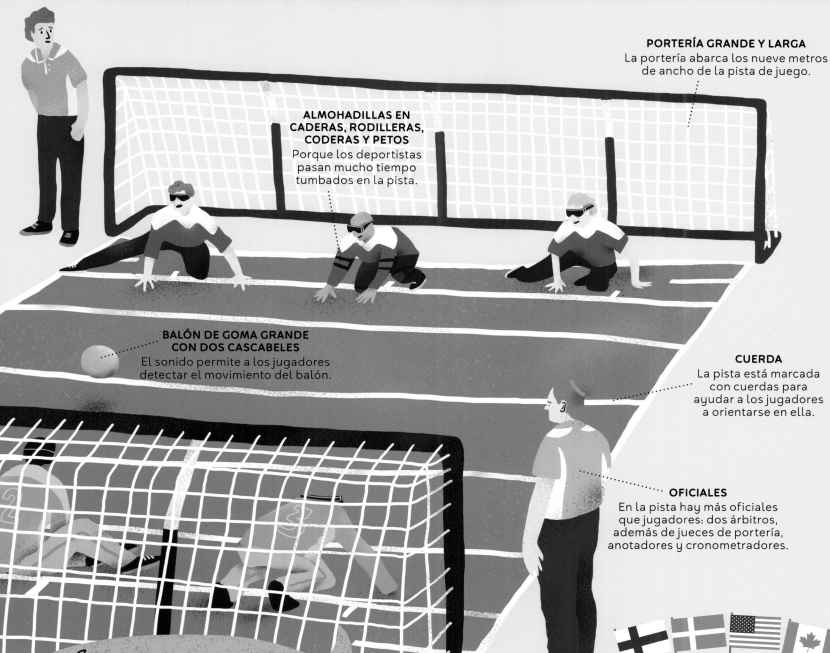

PORTERÍA GRANDE Y LARGA
La portería abarca los nueve metros de ancho de la pista de juego.

ALMOHADILLAS EN CADERAS, RODILLERAS, CODERAS Y PETOS
Porque los deportistas pasan mucho tiempo tumbados en la pista.

BALÓN DE GOMA GRANDE CON DOS CASCABELES
El sonido permite a los jugadores detectar el movimiento del balón.

CUERDA
La pista está marcada con cuerdas para ayudar a los jugadores a orientarse en ella.

OFICIALES
En la pista hay más oficiales que jugadores: dos árbitros, además de jueces de portería, anotadores y cronometradores.

Jerga para entendidos

LANZAMIENTO CON GIRO
Cuando un jugador se agacha, hace un giro de 360 grados y lanza la pelota para que rebote cerca del equipo contrario. Ideal para engañar a los defensas.

LANZAMIENTO DE PIE CON GIRO
Cuando un jugador se pone de pie y hace un lanzamiento con giro. Los engaña aún mejor.

LANZAMIENTO ENTRE LAS PIERNAS
Cuando un jugador lanza el balón de espaldas y entre sus piernas hacia la portería contraria.

LOS MEJORES

En las competiciones de goalball no hay ningún país que domine de forma clara el medallero. Finlandia y Dinamarca son los únicos que cuentan con dos medallas de oro en la categoría masculina, mientras que EE. UU. y Canadá han obtenido dos cada uno en la femenina. EE. UU. tiene un total de doce medallas contando ambas categorías.

PROBABILIDADES DE CONVERTIRTE EN UN CAMPEÓN

Escasas — Normales — Buenas — **Fantásticas**

Si tienes una discapacidad visual, el goalball es un deporte fantástico en el que participar. Si empiezas desde joven, tus posibilidades de entrar en el equipo olímpico aumentan muchísimo.

ENTRENAMIENTO

Átate un pañuelo que te cubra los ojos, pídele a un familiar que haga sonar una campanilla por la casa y trata de localizar dónde está en solo un par de segundos. Intenta que no lance la campanilla contra ti, seguro que duele.

RUGBY

¿EN QUÉ CONSISTE?

Deporte de equipo en el que los jugadores llevan un balón ovalado hasta superar la línea de gol lanzándose pases hacia atrás.

VISTA EN DETALLE

BALÓN DE RUGBY
Cubierto de hoyuelos para un mejor agarre, de modo que los jugadores puedan hacer pases con rapidez y precisión.

HABILIDADES NECESARIAS

Los jugadores de rugby deben ser fuertes y rápidos, manejar bien el balón, saber placar y tener mucha resistencia.

PROTECTOR BUCAL
Para evitar que te salten un diente.

CASCO DE RUGBY
Evita que te hagan polvo las orejas.

CAMISETAS LIGERAS Y AJUSTADAS
Son más difíciles de agarrar que los jerséis de algodón que se usaban antes.

BARRO
Si detestas mancharte de barro, el rugby no es tu deporte.

BOTAS RESISTENTES Y CON TACOS
Para tener tracción al correr o chocar con otros jugadores sobre un terreno embarrado.

Jerga para entendidos

BOMBA
Patada corta pero muy alta.

REEMPLAZO TEMPORAL
Los jugadores con una herida sangrante pueden abandonar el campo temporalmente y que los sustituya un compañero.

HAKA
Baile tradicional maorí que realiza el equipo australiano antes de un partido, con la intención de intimidar a los rivales.

PLACAJE PELIGROSO
Un pase terrible que por lo general conlleva el derribo del receptor.

PROBABILIDADES DE CONVERTIRTE EN UN CAMPEÓN

Escasas	Normales	Buenas	Fantásticas

La práctica del rugby está creciendo en todo el mundo, pero son pocos los países donde se juega al máximo nivel: Nueva Zelanda, Australia, Sudáfrica y el Reino Unido.

Un poco de historia

Tanto en un antiguo juego romano llamado *harpastum* como en la versión medieval del fútbol se portaba una pelota. Sin embargo, la historia de un escolar de la ciudad de Rugby que en 1823 cogió un balón y echó a correr se ha hecho famosa en todo el mundo y se considera el nacimiento de este deporte.

El rugby entró en los Juegos Olímpicos como deporte para quince jugadores en 1900, pero sus apariciones fueron esporádicas. La versión para siete jugadores hizo su debut olímpico en 2016 y el rugby en silla de ruedas o *murderball* se convirtió en deporte paralímpico en 2000.

ENTRENAMIENTO

Siéntate sobre un balón de fútbol hasta que esté ahuevado y empieza a darte tortas contra todo lo que encuentres. Comienza por los cojines del sofá, ya que lo demás suele ser un poco más duro.

PANTALONES MUY CORTOS
A juego con la camiseta.

Reglamento

El rugby olímpico se juega con siete jugadores. Dos equipos de siete personas juegan durante dos tiempos de siete minutos en un campo de rugby de las mismas dimensiones que los de quince jugadores. Los jugadores marcan cinco puntos por un ensayo si colocan el balón dentro de la zona de anotación que hay en cada extremo del campo. También pueden conseguir dos puntos adicionales por conversión si pasan el balón de una patada por en medio de los postes con forma de H. Se pueden obtener tres puntos por un botepronto y tres por la conversión de un penal (ambos deben pasar por encima de los postes). Los jugadores llevan la pelota en las manos, pero para pasársela a un compañero solo pueden lanzarla hacia atrás.

En el rugby en silla de ruedas se utiliza un balón redondo, se juega en interior y con solo cuatro jugadores a la vez de cada equipo mixto. Hay cuatro cuartos de ocho minutos. Los jugadores en posesión del balón deben pasarlo o botarlo en menos de diez segundos. Los deportistas tratan de placar la pelota arrebatándosela a los contrarios o chocando las sillas, lo que puede ocasionar un caos, con algunas volcadas por la cancha.

LESIONES

El rugby es un deporte de contacto, por lo que las lesiones son numerosas y diversas. Los delanteros son los que más se lesionan, ya que suelen participar en los placajes. Los esguinces, los hematomas, las fisuras y las fracturas son habituales.

VENTAJAS

Cargar mientras atraviesas el campo con el balón en las manos, esquivando placajes y chocándote con todos para anotar es divertidísimo.

DESVENTAJAS

A menos que seas muy rápido, te vas a llevar más de un golpe.

Rugby en silla de ruedas

GUANTES CON AGARRE ADHESIVO AÑADIDO
En el rugby en silla de ruedas, los guantes son una parte importante del equipo.

BALÓN QUE REBOTA
Se parece a los de voleibol, con una superficie especial que proporciona agarre.

LOS MEJORES

En Fiyi son los maestros del rugby de siete jugadores y se hicieron con el primer oro masculino, mientras que Australia ganó el femenino. E. UU. es quien más medallas de rugby en silla de ruedas tiene, con seis en total, tres de ellas de oro.

SILLA DE RUEDAS DE COMPETICIÓN
Las hay de dos tipos: uno para quienes juegan en ataque y otro para los defensas.

BALONMANO

PORTERÍA
De unos dos metros
de alto, con los postes
y el larguero pintados
con rayas blancas y rojas.

¿EN QUÉ CONSISTE?

Un deporte de pelota para gigantones, en el que equipos de siete jugadores tratan de anotar todos los goles que puedan lanzando el balón con una sola mano contra una gran portería. Es rapidísimo.

Reglamento

A los jugadores solo se les permite dar tres pasos con el balón o tenerlo tres segundos antes de pasar, lanzar o driblar. Los tiros a portería se deben realizar desde fuera de la zona delimitada por la línea de gol, aunque un jugador en ataque puede invadirla si está en medio de un salto y no hay contacto con el suelo. Esto se conoce como lanzamiento en suspensión. Por lo general, el pobre guardameta no tiene nada que hacer ante esto y por eso los equipos llegan a anotar desde 25 a 40 goles por partido.

**LANZAMIENTO
EN SUSPENSIÓN**
Lanzamiento
en el aire de
gran potencia.
¡Intenta pararla!

CALZADO LIGERO
Los jugadores pueden
llevar cualquier tipo de
zapatilla, siempre que no
deje marcas en la cancha.

VISTA EN DETALLE

**BALÓN PEQUEÑO
Y SUAVE**
Fácil de sujetar
y coger con
una sola mano.

ENTRENAMIENTO

Si quieres jugar como extremo, prueba a dar un gran salto desde el tercer escalón de las escaleras de tu casa a la vez que estampas un melón redondo contra el suelo usando una sola mano. No te olvides de limpiar después.

Si prefieres jugar de portero, pídele a tu familia que te lance pelotas lo más rápido posible desde corta distancia. Agita los brazos y las piernas como loco; si suena la flauta, igual paras alguna.

HABILIDADES NECESARIAS

La altura es una gran ventaja para el balonmano, sobre todo si eres portero. También necesitas rapidez y agilidad. Los jugadores de balonmano pasan mucho tiempo saltando para lanzar el balón contra la portería, por lo que los tiros explosivos también vienen de perlas. Si juegas de guardameta, debes ser bueno saltando con las piernas y las manos abiertas, estirándote todo lo posible a ver si con suerte paras algún tiro.

Un poco de historia

El balonmano se practicó por primera vez en Alemania y Escandinavia a finales del siglo XIX, aunque hasta 1927 no hubo nadie que se sentara a escribir un reglamento propiamente dicho. Hizo su primera aparición en las Olimpiadas de 1936, pero luego no volvió hasta 1972. La competición femenina llegó poco después, en 1976.

SIN GUANTES
Es más fácil lanzar la pelota sin guantes, aunque los jugadores a veces se vendan los pulgares y otros dedos para prevenir lesiones.

SALTO CON BRAZOS Y PIERNAS ABIERTOS
Los porteros saltan así para tratar de evitar que el otro equipo anote.

Jerga para entendidos

PIVOTE
Jugador creativo que dirige el juego en defensa y ataque. Por lo general, es el mejor del equipo.

ANTIDEPORTIVA
Falta que implica contacto corporal con otro jugador.

PARADA
De vez en cuando los guardametas consiguen alguna. No olvides celebrarlo si ocurre.

MOVIMIENTO DE PISTÓN
Jugada de ataque en la que se mueven adelante y atrás.

LOS MEJORES

El medallero está muy repartido en Europa, aunque Francia lidera la categoría masculina, con cuatro medallas, dos de ellas de oro.

En la categoría femenina, Dinamarca tiene tres oros, pero Noruega y Corea del Sur poseen seis medallas en total, dos de oro cada selección.

PANTALONES DE PORTERO
Los porteros los usan porque en los pabellones deportivos a veces hace frío.

LESIONES
Las lesiones de tobillo y rodilla son frecuentes; incluso hay una que se conoce como rodilla del saltador. Observarás que muchos jugadores llevan rodilleras y vendajes.

PROBABILIDADES DE CONVERTIRTE EN UN CAMPEÓN

Escasas	Normales	Buenas	Fantásticas

El balonmano es uno de los deportes más populares en Europa, así que las posibilidades de llegar a profesional son escasas. En otros continentes, en cambio, no es tan habitual.

VENTAJAS
El balonmano es rápido y divertido, y tienes muchas posibilidades de marcar goles a tutiplén.

DESVENTAJAS
Ser guardameta.

HOCKEY

¿EN QUÉ CONSISTE?

A veces se le llama hockey sobre hierba. Dos equipos de once jugadores intentan golpear la pelota con un palo de madera y colarla en la portería contraria.

Reglamento

Usando el lado plano del palo o *stick*, regatea, pasa, eleva o empuja la bola por el campo hasta el semicírculo que rodea la portería de tus rivales. Luego, tira e intenta batir al portero. Al final del partido gana el equipo que haya anotado más goles. Solo el portero puede tocar la bola con el cuerpo y tampoco se permite que agites el palo como si estuvieras en una pelea.

LESIONES

Las más comunes se dan en la cabeza y el antebrazo, por ser las partes más cercanas al palo. También puede que la espalda se resienta de tanto agacharte.

UN POCO DE HISTORIA

Hay tallas del año 510 a. C. en las que se ve a los antiguos griegos jugando a algo parecido al hockey, pero los historiadores discrepan desde hace siglos sobre el origen de este deporte. Lo que sí sabemos es que la versión moderna surgió en Gran Bretaña en el siglo xix y que entró en los Juegos Olímpicos de 1908 para los hombres y en 1980 para las mujeres.

Entrenamiento

Busca un bastón y una manzana dura. Usa el bastón para ir dándole toques a la manzana y llevarla hasta tu casa sin empujarla con el pie ni recogerla. Cuando llegues, golpéala con fuerza y trata de meterla por el hueco de la puerta. Si rompes algo, échale la culpa a la Federación Internacional de Hockey.

PAÑUELO

Muy popular en hockey. Los jugadores pasan mucho tiempo mirando hacia abajo y el pañuelo les aparta el pelo d los ojos. Al terminar el partido pueden usarlo para cubrirse la cara y robar un banco.

VISTA EN DETALLE

PELOTA DE PLÁSTICO DURO

Se puede golpear a unas velocidades brutales, de hasta 100 kilómetros por hora. También tiene unos pequeños hoyuelos para evitar que patine sobre el terreno mojado.

LOS MEJORES

En categoría masculina, el mejor en hockey es con diferencia la India, con once medalla ocho de ellas de oro. En la femenina, Austra y los Países Bajos están empatados con tre oros cada uno.

CAMPO
Por lo general es de césped artificial verde o azul, al que se le echa agua o arena para darle velocidad al juego.

GUANTES
Ayudan a sujetar mejor el palo y protegen las manos de las lesiones.

ESPINILLERAS ALTAS
Que te den con un palo en la espinilla duele muchísimo. Con espinilleras, también duele pero menos.

PALO
Palo con una base en forma de J, ideal para controlar bien la bola.

SAQUE NEUTRAL O *BULLY*
Dos jugadores deben entrechocar los palos antes de disputarse la pelota. Esto se hace al comienzo o reanudación del partido.

GOLPEAR
Darle a otro jugador con el palo en lugar de a la pelota.

DEFENSOR
Jugador elegido para bloquear el saque de penalti-córner de un atacante.

TARJETA VERDE
Tarjeta de advertencia, anterior a las tarjetas amarilla o roja.

PORTERÍA
Portería rectangular con soportes laterales y trasero.

PORTERO
Lleva tantas protecciones que hasta le cuesta andar: casco, peto, guardas en cuello y brazos, pantalones acolchados, guardas enormes en las piernas y grandes botas para despejar con el pie.

VENTAJAS
Es rápido, intenso y un deporte de equipo increíble.

DESVENTAJAS
Seguir el ritmo de la pelota te puede dejar agotado y la bola hace mucho daño si choca contigo.

HABILIDADES NECESARIAS
Necesitas mucha resistencia para correr por todo el campo y una buena coordinación visomanual. También debes tomar decisiones rápidas y la valentía se agradece, en especial si te toca defender un penalti-córner.

PROBABILIDADES DE CONVERTIRTE EN UN CAMPEÓN

| Escasas | Normales | Buenas | Fantásticas |

El hockey es un deporte muy popular en todo el mundo y se practica en más de cien países de cinco continentes distintos. Aun así, como en cada equipo hay once jugadores, tienes muchas posibilidades de hacerte con un puesto.

Boccia

¿EN QUÉ CONSISTE?

Un deporte de pelota para deportistas con discapacidad física, en el que necesitas acercar la bola que lanzas a otra que se utiliza como diana. Suele decirse que se parece un poco a los bolos, pero en realidad es mucho mejor.

Reglamento

Los partidos se dividen en una serie de parciales o series de lanzamiento. En cada parcial, un deportista lanza su juego de bolas lo más cerca posible de la bola diana o *jack*. El jugador cuya bola se haya acercado más a la bola diana, una vez realizados todos los lanzamientos, se anota un punto, además de puntos extra por cada bola suya que haya quedado entre la diana y la más próxima de los rivales.

Las bolas se pueden lanzar, tirar, hacer rodar o incluso empujar con el pie. Si te apetece puedes hasta darle efecto, como un lanzador de críquet.

En la categoría individual o por parejas se juegan cuatro parciales, mientras que los equipos de tres jugadores juegan seis parciales. Concluido el partido, ganan los deportistas que hayan obtenido mayor puntuación.

VISTA EN DETALLE

BOLAS
Un juego de seis pelotas de cuero suave rojas o azules que se pueden hacer rodar, pero sin que reboten, además de una pelota blanca llamada bola diana.

NÚMEROS
Los deportistas se identifican mediante los números que llevan en la silla de ruedas o en la pierna.

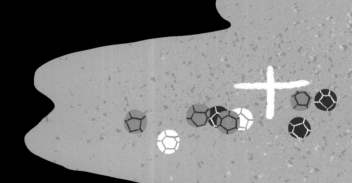

Jerga para entendidos

SPOCKING O BOMBING
Lanzamiento bajo de gran potencia con la intención de golpear directamente la bola diana o las demás pelotas.

BESAR
Cuando la bola está tocando la bola diana.

SKUNKED
Equipo que no anota ningún punto.

PALLINO
Otro nombre que se le da a la bola diana.

CASINO
Anotarse los cuatro puntos de un parcial.

JACK ADVANTAGE
El jugador al que le toca lanzar la bola diana (o *jack*) y la primera pelota.

LAGGING O POINTING
Lanzamiento bajo en el que se hace rodar la pelota hacia la bola diana.

UN POCO DE HISTORIA

Los orígenes de la boccia se remontan a Grecia y Egipto en la Edad Antigua, donde los jugadores lanzaban pedruscos contra una diana de piedra. Los italianos lo transformaron en un juego llamado *bocce*, que significa bolos y que se popularizó en todo el mundo, al igual que otros parecidos llegados de Inglaterra y Francia (*bowls* y *petanque*). La boccia se incorporó a los Juegos Paralímpicos en 1984 y es uno de los dos deportes que no tiene equivalente en los Juegos Olímpicos.

Habilidades necesarias

La boccia es para jugadores con parálisis cerebral o que tengan afectadas sus capacidades motoras. Debes ser fuerte para pasar horas inclinado sobre un lateral de la silla de ruedas y te dolerán los hombros. La fortaleza mental también es muy importante, ya que la presión para acercar la pelota a unos milímetros de la bola diana es enorme. La boccia es además una prueba excepcional de control muscular, estrategia y precisión.

VENTAJAS

Este deporte conlleva una estrategia depurada que cuesta dominar. Parece fácil, pero no lo es. Además, es un deporte mixto en el que hombres y mujeres juegan juntos.

DESVENTAJAS

La boccia exige muchísima práctica y gran capacidad de concentración.

PUNTERO
Ayuda a los deportistas que no pueden usar las manos a empujar la pelota por la canaleta.

LESIONES

Haría falta tener muy mala suerte para lesionarte jugando a la boccia. Es más probable que se lleve un golpe por una bola perdida el árbitro que mide las distancias.

SILLA DE RUEDAS
No se necesita una sill de ruedas especial par jugar, por lo que particip en este deporte no resu muy caro.

CANALETA
A algunos deportistas se les permite usar canaletas para hacer rodar la bola o tener un ayudante si no pueden moverla por sí mismos.

LOS MEJORES

Portugal lidera el medaller con 26 medallas, aunque C del Sur es el país que más c tiene, con 9 de sus 20 meda

PROBABILIDADES DE CONVERTIRTE EN UN CAMPEÓN

Escasas — Normales — Buenas ↑ Fantásticas

Difícil pero no imposible. La boccia al máximo nivel exige una gran habilidad, pero también es un deporte muy popular, por lo que ofrece muchas oportunidades de participar.

ENTRENAMIENTO

La boccia es un deporte ideal para practicarlo en el jardín, pero primero tendrás que saquear el frutero. Siéntate en una silla y lanza una naranja al otro extremo del jardín. Después, afina la puntería e intenta acercar seis limones a la naranja todo lo posible. A los limones y naranjas les apasiona la boccia. Es o eso o morirse de asco en la cocina.

VOLEIBOL

¿EN QUÉ CONSISTE?

Dos equipos salen a la cancha, uno a cada lado de la red, con el objetivo de evitar que el balón toque el suelo.

ENTRENAMIENTO

Cubre el suelo del salón de tu casa con arena, lanza un balón de playa al aire e intenta que no caiga al suelo golpeándolo con las manos entrelazadas. Cuando tus padres vuelvan a casa y descubran lo que le has hecho a la tarima, escóndete detrás del sofá.

RED MUY ALTA
La red está a una altura de 2,4 metros para los hombres y de 2,2 metros para las mujeres.

VISTA EN DETALLE

BALÓN DE VÓLEY
Un balón suave y que rebota mucho.

LÍBERO
Jugador defensivo que viste un color distinto al resto del equipo.

RODILLERAS
Para proteger las rodillas de los jugadores de abrasiones cuando se lanzan a por el balón.

ZONA DE ATAQUE
Donde se colocan los rematadores.

CAMISETAS Y PANTALONES MUY CORTOS
Por lo general, de algodón ligero y con un número a la espalda.

LESIONES
Son frecuentes en el hombro y en los dedos; y también las quemaduras solares, si olvidas ponerte crema protectora antes de jugar al vóley-playa.

ZONA DE DEFENSA
Donde se colocan los defensas.

Reglamento

En el voleibol hay dos equipos de seis jugadores, que disponen de tres toques o voleas para evitar que el balón llegue al suelo en su lado de la red y hacerlo caer en el lado contrario de la cancha. El primer equipo que consigue 25 puntos gana el set y, por lo general, se juega al mejor de 5 sets.

Las reglas del vóley-playa son parecidas, pero solo hay dos jugadores en cada equipo. Se juega en un campo de arena un poco más pequeño, con un balón más suave y de menor tamaño, y es al mejor de tres juegos.

En el voleibol sentado la cancha es más pequeña y la red está más baja. Los jugadores deben tener una parte del cuerpo, normalmente una nalga, en contacto con el suelo cuando lanzan.

UN POCO DE HISTORIA

El voleibol se inventó en 1895 en EE. UU. como una versión del baloncesto menos exigente. Se popularizó con gran rapidez en todo el mundo, aunque no se convirtió en deporte olímpico hasta 1964. El vóley-playa apareció en 1915 y se incorporó a las Olimpiadas en 1996. El voleibol sentado masculino se incluyó en los Juegos Paralímpicos en 1980 y la categoría femenina en 2004.

Voleibol sentado

PELVIS EN EL SUELO
Hay que mantenerse así en todo momento o te arriesgas a que te piten falta.

JUEZ DE SILLA
Suele haber dos árbitros y el principal se coloca en una silla o plataforma para ver mejor.

LÍNEA DE ATAQUE
A un tercio de distancia entre la red y la línea de fondo.

LOS MEJORES

En el voleibol las medallas se han repartido de forma bastante equitativa, pero destaca Rusia con 12. EE. UU. y Brasil tienen 10 medallas cada uno y también dominan el vóley-playa con más de 10. Las jugadoras estadounidenses Misty May-Treanor y Kerri Walsh-Jennings tienen tres oros. En el voleibol sentado, destacan Irán y Alemania.

RECUENTO DE MEDALLAS DE MAY-TREANOR Y WALSH-JENNINGS: X 3

VENTAJAS
No hay nada comparable a saltar como un salmón por encima de la red y lanzar un remate letal contra la cancha del equipo contrario. ¡Chúpate esa!

DESVENTAJAS
Lanzarte al suelo para devolver un balón puede causarte abrasiones o hacer que tragues un buen montón de arena, dependiendo del tipo de voleibol que practiques.

Jerga para entendidos

REMATE
Machacar el balón en el campo contrario.

BLOQUEO DE *KONG*
Bloqueo que se realiza con una sola mano.

SPATCH
Cuando le das a la pelota, pero se desvía en una dirección imprevista.

PELOTAZO
Golpe muy fuerte del balón en la cara o en el cuerpo de un jugador.

CAMPFIRE
Cuando un servicio cae entre dos jugadores de vóley-playa porque no se han puesto de acuerdo en cuál iba a por él.

PROBABILIDADES DE CONVERTIRTE EN UN CAMPEÓN

| Escasas | Normales | Buenas | Fantásticas |

HABILIDADES NECESARIAS

Ser alto es una ventaja, pero también necesitas los reflejos de un lince para colocarte en la posición correcta para bloquear, recibir, colocar y rematar.

A muchos les gusta jugar con un balón de voleibol en la playa, pero a la hora de formar un equipo y tomárselo en serio ya no es tan popular. Ha tenido éxito en los países del este de Europa y en Brasil, pero otros deportes para personas altas, como el baloncesto y el balonmano, le roban muchos jugadores.

BÉISBOL

VISTA EN DETALLE

**GUANTE DE JUGADOR
DE CAMPO**
Está muy acolchado
para protegerte los
dedos cuando la bola
va directa hacia ti.

¿EN QUÉ CONSISTE?

Un deporte de equipo en el que los
jugadores se turnan para golpear una
bola muy rápida con un palo en forma
de bate y lanzarla lo más lejos posible.

BATE
De madera lisa o de
metal que se utiliza para
golpear la pelota con
todas tus fuerzas.

GUANTES
Ayudan a sujetar
el bate.

CASCO DE BATEO
Evita que los jugadores reciban
un bolazo en la cabeza si
el lanzador es malo.

EQUIPO DEL RECEPTOR
La bola la lanzan directamente
hacia ti, así que tienes que
vestirte como un caballero
medieval: casco, protector facial
o rejilla metálica, peto protector,
guardas en las piernas y
un guante mucho mayor que
el de los jugadores de campo.

Reglamento

En el béisbol hay dos equipos de nueve jugadores y
tienen nueve oportunidades para batear (entradas)
y conseguir todas las carreras posibles. Para lograr
una carrera, los jugadores deben alcanzar las cuatro bases.
Quedan eliminados si un jugador del equipo contrario
atrapa la pelota con uno de esos guantes gigantescos,
si los tocan con la bola mientras corren de una base
a la siguiente o cuando reciben un *strike out*, algo que
sucede si fallan tres veces el bateo de la pelota.

En el sóftbol femenino el reglamento es muy parecido,
pero la pelota tiene un tamaño mayor, la lanzadora
hace tiros bajos, el campo es ligeramente más pequeño
y solo disponen de siete entradas.

HABILIDADES NECESARIAS

Se te tiene que dar bien lanzar y recoger, y también necesitas
fuerza para golpear la bola y sacarla del campo si quieres
anotar un *home run*. Ayuda que corras rápido, pero si siempre
lanzas *home runs*, te puedes permitir cubrir las bases dando
un paseo mientras mandas besos al público.

LESIONES

Para lanzar una bola a más de 150 kilómetros por hora se necesita mucha energía , por lo que es frecuente que los lanzadores se lesionen hombros y codos.

PELOTA

Una pelota de corcho con una cubierta de cuero con costuras. La pelota de sóftbol es ligeramente más grande que la de béisbol.

ENTRENAMIENTO

Muy sencillo. Consigue un pomelo bien redondo y jugoso, lánzalo en vertical hacia arriba y mientras cae, dale con todas tus ganas con un palo y pásalo por encima de la valla del vecino.

GORRA DE BÉISBOL

Forma parte del uniforme, así que todos los jugadores la llevan.

Jerga para entendidos

DIAMANTE
Las cuatro bases forman un área cuadrangular con forma de diamante.

BEANBALL
Lanzamiento dirigido a la cabeza del bateador, por lo general a propósito.

WIND UP
El movimiento de preparación que realiza el lanzador antes de lanzar la pelota.

SLUGGER
Un jugador que anota muchos *home runs*.

HEATER
Una bola muy rápida que tira el lanzador.

TACOS

Los tacos o pinchos en la suela de los zapatos ayudan a un mejor agarre.

LOS MEJORES

Cuba es el país con más medallas en béisbol; tiene cinco, tres de ellas de oro. EE. UU. solo ha obtenido un oro, aunque domina en el sóftbol y ha ganado todas las medallas de oro, excepto la de 2008, cuando Japón venció en la final.

Un poco de historia

Se suele creer que el béisbol surgió en los EE. UU., ya que fue en ese país donde evolucionó en la década de 1840, pero la idea original procede de otros deportes europeos mucho más antiguos como el *rounders* o el críquet. Eso sí, ¡no se te ocurra decírselo a un estadounidense! En el siglo XIX estaban como locos por este deporte, aunque no se convirtió en olímpico hasta 1992.

El sóftbol se ideó para jugar en un espacio más pequeño, cubierto y con un desarrollo del juego más rápido. Entró a formar parte de los Juegos Olímpicos en la categoría femenina en 1996.

VENTAJAS

Lanzar una bola fuera del estadio es una de las mayores emociones deportivas. Nadie puede hacer nada por evitarlo. ¡Buen viaje, pelota! Además, es el único deporte en el que tus padres no te llamarán la atención por escupir.

DESVENTAJAS

Requiere mucho tiempo y sueles pasar largos ratos esperando a que sea tu turno de batear. Cuando te toca jugar en la zona de hierba del campo, la pelota te llega tan pocas veces que puede que para entonces te hayas quedado dormido.

PROBABILIDADES DE CONVERTIRTE EN UN CAMPEÓN

| Escasas | Normales | Buenas | Fantásticas |

Depende de tu país de procedencia. El béisbol goza de gran popularidad en toda América, Japón y Corea del Sur, así que ahí es complicado que te seleccionen.

GOLF

¿EN QUÉ CONSISTE?

En pasarse la mayor parte del día al aire libre intentando meter una pelotita blanca en 18 hoyos diminutos usando distintos palos de metal.

ENTRENAMIENTO

Busca una pelota pequeña, del tamaño de un albaricoque. O mejor aún, usa un albaricoque. Luego consigue un palo con un pequeño bulto en el extremo. Golpea el albaricoque con todas tus fuerzas para que cruce todo el campo y caiga en medio de la maleza. Pásate 30 minutos buscándolo, date por vencido y regresa a casa.

Reglamento

El golfista debe golpear la pelotita y meterla en 18 hoyos diferentes en el menor número de golpes posible. Para incrementar la dificultad del juego, hay bancos de arena, lagos, ríos, bosques y pendientes donde perder la bola. En algunos campos de EE. UU. incluso tienen unos caimanes gigantescos que a veces se entrometen.

UN SOLO GUANTE
Se utiliza para mejorar el agarre.

CADDIE
Persona que lleva la bolsa de un golfista y le ofrece consejos y apoyo. También le dice lo que debe almorzar.

ROPA COLORIDA
Todo vale. Si te apetece combinar un chaleco morado con pantalones verde lima y calcetines amarillos, este es tu deporte.

LESIONES
El dolor de hombros, codos y espalda es muy habitual, aunque probablemente lo sea aun más para el *caddie* que carga con tu bolsa.

PALOS
Los hay de distintas formas y tamaños y se llaman maderas, hierros, *wedges* y *putters*.

Jerga para entendidos

ATMOSFÉRICO
Intento de golpear la pelota pero no consigue tocarla.

PAR
El número de golpes que por lo general se necesitan para completar un hoyo. Suelen ser tres, cuatro o cinco.

BOGEY
Un golpe sobre par. Así que no es nada bueno.

DOGLEG
El sitio en el que la forma del hoyo se parece a la pata de un perro, recta con una curva al final.

BOMBACHO
Pantalones de perneras abombadas que se ajustan debajo de la rodilla.

LOS MEJORES

Hasta el momento, solo se han concedido cinco medallas de oro (tres masculinas y dos femeninas), por lo que nadie domir Tanto EE. UU. como Gran Bretaña han obtenido buenos resultados, y la actual campeona es la surcoreana Inbee Par

VISTA EN DETALLE

BOLA
Es pequeña, dura y con más de 300 hoyuelos en la cubierta que ayudan a que llegue más lejos. Suele ser blanca, pero las de colores fluorescentes son muy populares porque son más fáciles de localizar.

BANDERA
Esto es algo muy serio, no empieces a juguetear con ella o los demás jugadores te mirarán mal.

GREEN
El hogar del hoyo. Una pequeña zona de hierba perfecta, como una moqueta de lujo, así que nada de correr o saltar en ella.

HOYO
Es tan pequeño que hace falta que sobresalga una gran bandera para que puedas divisarlo desde la distancia.

BÚNKER
Intenta que tu pelota no se acerque a estos areneros. Una pena que no dejen construir castillos.

CALLE
La parte del campo que va desde el *tee* hasta el *green*, rodeada por terreno irregular en el que es fácil perder la pelota (y los nervios).

TEE
Es el soporte de madera o plástico donde se coloca la bola para dar el primer golpe en cada hoyo.

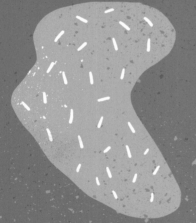

HABILIDADES NECESARIAS

Los jugadores de golf son muy distintos entre sí. Como tienes un *caddie* que te lleva la bolsa y puedes conducir por el campo en un carrito, no necesitas una forma física excepcional como otros deportistas olímpicos.

Para jugar al golf, debes tener fortaleza mental, porque en los 18 hoyos básicamente peleas contra ti mismo. Si eres de los que pierden los nervios porque se les queman las tostadas, el golf no está hecho para ti.

Un poco de historia

Se cree que el golf comenzó en Escocia en el siglo XV, donde los jugadores golpeaban una piedra con un palo para completar un recorrido. Sin embargo, hay historiadores que remontan su origen hasta un antiguo juego romano llamado *paganica*. El golf entró en los Juegos Olímpicos en 1904, para luego desaparecer durante un siglo de la lista de citas deportivas y regresar en 2016.

VENTAJAS

Los golfistas llevan ropa informal, viajan para jugar en los campos más bonitos del mundo y no tienen que correr jamás.

DESVENTAJAS

Los golfistas juegan haga el tiempo que haga, e intentar encontrar tu pelota en el bosque cuando llueve y hace frío no tiene ninguna gracia. Además, el reglamento es más extenso que en muchos otros deportes.

PROBABILIDADES DE CONVERTIRTE EN UN CAMPEÓN

Escasas   Normales   Buenas   Fantásticas

En las Olimpiadas participan golfistas profesionales de primer orden, así que, si pretendes clasificarte, probablemente debes empezar a ganar torneos ya mismo.

Tiro

¿EN QUÉ CONSISTE?

Unos deportistas muy serios se quedan inmóviles, disparan rifles, escopetas y pistolas contra unos blancos minúsculos y cruzan los dedos a ver si aciertan.

PLATO

En el tiro al plato, una máquina llamada lanzaplatos arroja discos de arcilla. Los tiradores necesitan unos reflejos rapidísimos para hacer diana.

VISTA EN DETALLE

GAFAS DE TIRO

Gafas muy complejas con distintos juegos de lentes para mejorar la capacidad de enfoque del ojo y protectores laterales para evitar distracciones.

Reglamento

Las competiciones con rifle y pistola se celebran en un campo de tiro, en el que los participantes disparan contra unas dianas situadas a 10, 25 y 50 metros de distancia. En función de cuánto se acerquen al blanco se les conceden distintas puntuaciones.

En el tiro al plato disparan con escopetas contra unas dianas móviles de arcilla conocidas como platos que se lanzan al aire en distintos ángulos y direcciones. El objetivo es darles; a más fallos, más lejos las medallas.

ESCOPETA

Las escopetas tienen cañones de distintas longitudes dependiendo de la prueba. No se permiten las miras telescópicas.

ROPA FUTURISTA

Todo se diseña para evitar que el más mínimo movimiento, como una ráfaga de viento, pueda distraerte.

LESIONES

El dolor de cuello, espalda, caderas y rodillas es habitual, ya que pasas mucho tiempo de pie o de rodillas y tienes que sujetar un rifle pesado.

RIFLE DE AIRE COMPRIMIDO

Parece un arma del espacio exterior.

ENTRENAMIENTO

Busca un cuarto con una mancha en la pared, colócate en el extremo contrario y, sin moverte, mírala durante dos horas.

RODILLERAS

Los tiradores usan pantalones y chaquetas de lona rígida. Los pantalones llevan unas rodilleras de goma antideslizantes para que no resbalen cuando están de rodillas o tumbados.

HABILIDADES NECESARIAS

En el tiro lo esencial es mantener la calma y la tranquilidad. Si te distraes con facilidad por cosas como las nubes, los pájaros, el viento o porque alguien tose a un kilómetro, puede que debas buscar otro deporte. Tienes que quedarte más quieto que una farola, ser capaz de controlar la respiración y no rascarte la barbilla por mucho que te pique. También es fundamental tener buena vista, una gran puntería, resistencia, fuerza y nervios de acero.

VENTAJAS

Dar en el blanco es una sensación maravillosa. En el tiro, pasa constantemente, y además te puedes vestir como un cíborg.

DESVENTAJAS

El tiro conlleva una presión extrema y puede resultar muy difícil quedarse quieto y mantener la calma, sobre todo si tus rivales tratan de distraerte diciendo: «Mira esa nube, ¡parece un mandril!».

DISTANCIA

Las dianas para rifles y pistolas se sitúan a 10, 25 o 50 metros de distancia de los competidores, dependiendo de la prueba.

DIANA PARA RIFLE

Los sensores digitales de la diana envían la información a los marcadores. El blanco tiene el tamaño de la uña de tu meñique.

DIANA PARA PISTOLA

Pierdes puntos si por accidente le das a la diana de otra persona.

PISTOLA DE AIRE COMPRIMIDO

El brazo que sostiene la pistola debe estar completamente extendido y sin apoyo.

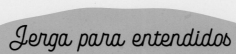

Jerga para entendidos

LÍNEA DE TIRO

Donde te colocas para disparar.

FOSO

La máquina que dispara los discos de arcilla al aire.

PULL ◦ MARK ◦ YA

Los tiradores deben gritar estas señales para que lancen el plato.

BOCA DEL CAÑÓN

El extremo delantero del arma, por donde sale el perdigón, el cartucho o la bala.

LOS MEJORES

EE. UU. domina el medallero de tiro con 110 medallas, 54 de ellas de oro. El tirador y oficial de la marina estadounidense Carl Osburn tiene 11 medallas en tiro, y 5 son de oro, de las Olimpiadas de 1912, 1920 y 1924.

RECUENTO DE MEDALLAS DE OSBURN:

 X 5   X 4   X 2

Un poco de historia

Probablemente fueron los chinos quienes le presentaron al mundo las armas de fuego en el siglo x, tras inventar la pólvora. A partir de ahí surgieron distintos tipos y los ejércitos no tardaron en cambiar los arcos y las flechas por los rifles y las pistolas.

El tiro se convirtió en deporte hace unos 500 años, cuando nos dimos cuenta de que no solo servía para matar, sino para divertirse. Fue uno de los deportes de los Juegos Olímpicos de 1896.

PROBABILIDADES DE CONVERTIRTE EN UN CAMPEÓN

Escasas   Normales   Buenas   Fantásticas

Obviamente, el tiro tiene numerosas restricciones. No puedes coger un arma y empezar a disparar a lo loco o te meterían en la cárcel. Sin embargo, si aprendes correctamente, tienes muchas más posibilidades, ya que no es un deporte que practiquen demasiadas personas.

TIRO CON ARCO

¿EN QUÉ CONSISTE?

Con un arco, lanzas flechas contra una diana situada a gran distancia. Es como jugar a ser Robin Hood, pero sin la parte de esconderte entre los árboles.

Jerga para entendidos

ÚLTIMA FLECHA
El último lanzamiento de un torneo de tiro con arco.

SUELTA
El disparo con arco en sí mismo.

PEQUEÑO JUAN
El mejor amigo de Robin Hood. Un momento... ¿cómo se ha colado esto aquí?

CARCAJ
Donde llevas todas las flechas.

ENFLECHE
Colocación de la flecha en el arco.

FLECHERO
Persona que fabrica flechas.

VISTA EN DETALLE

PLUMAS DE FLECHA
Antes se utilizaban plumas de verdad, pero hoy en día son de plástico; ayudan con la velocidad y la dirección.

CARCAJ DE FLECHAS
Se coloca en el mismo lado que la mano que tira de la cuerda del arco, de modo que el arquero pueda recargar con facilidad.

GORRO DE PESCA
Suave y práctico para protegerse del sol.

GAFAS DE SOL
Para que el sol no le dé en los ojos al tirador.

DACTILERAS
Protegen los dedos del tirador.

CUERDA
Tira de ella con tres dedos hasta que te roce la cara.

ARCO
Se parece un poco a lo arcos largos antiguos aunque ahora se fabric en fibra de carbono.

PROTECTOR DE BRAZO
Defensa que protege la parte interna del brazo del tirador y evita los temidos latigazos de la cuerda.

Reglamento

Por suerte, en el tiro con arco olímpico no se dispara contra personas o animales, sino que se apunta a una diana formada por anillos de distintos colores. El círculo central permite obtener la puntuación máxima: 10 puntos. Los mejores arqueros del mundo aciertan en la zona dorada la mayoría de las veces y se enfadan bastante si le dan a otro color. Eso sí, no lo proclaman a voz en grito, como en los dardos.

PROBABILIDADES DE CONVERTIRTE EN UN CAMPEÓN

Escasas	Normales	Buenas	Fantásticas

En la actualidad, en el Reino Unido solo hay 60 000 personas que practiquen el tiro con arco, por lo que las posibilidades de llegar a campeón son elevadas, al menos allí.

Un poco de historia

Los seres humanos han utilizado el arco desde la Edad de Piedra, sobre todo para cazar. Los antiguos egipcios, hartos de usarlo solo para conseguir comida, lo transformaron en un arma de guerra y en un deporte. El primer torneo deportivo del que hay constancia se celebró en China nada menos que en el 1027 a. C. ¡El tiro con arco es antiquísimo!

LESIONES

El tiro con arco es un deporte relativamente seguro, ya que no es de contacto y se practica en posición estática. Sin embargo, pueden surgir lesiones de muñeca, codo y hombro debido al esfuerzo constante que exige tensar la cuerda. Como sí puedes hacerte mucho daño es merodeando alrededor de las dianas cuando hay gente practicando.

HABILIDADES NECESARIAS

Buena puntería, brazos firmes, fortaleza mental y una buena dosis de paciencia. Hace falta precisión, pero también regularidad.

VISOR

Una varilla con un punto de mira en el extremo; sirve para que el tirador apunte hacia la diana y no hacia el público.

DISTANCIA

Equivale a la longitud de dos ballenas azules y media, pero se mide con una cinta métrica y no con ballenas de verdad.

BLANCO

Tu objetivo es dar en el blanco (de color dorado) en todos los tiros y conseguir así la puntuación máxima.

70 METROS

ESTABILIZADOR

Ayuda al arquero a mantener inmóvil el arco.

ENTRENAMIENTO

Montar unas dianas en el jardín es pan comido, pero tendrás que conseguir un arco de juguete que dispare flechas con una ventosa de plástico. No uses las de puntas metálicas; son un arma mortífera.

LOS MEJORES

s surcoreanos son los Robin Hoods del tiro con co. Es el deporte olímpico que mejor se les da. esde 1972, cuando esta disciplina volvió a los egos tras una pausa de 52 años, han ganado medallas, 23 de ellas de oro. Los demas países se acercan ni de lejos a ese medallero. La arquera n Soo-nyung encabeza la lista de medallas con total de 6. No es de extrañar, ya que los niños reanos suelen tener dos horas de tiro con co como parte de la jornada escolar de Primaria.

RECUENTO DE MEDALLAS DE KIM SOO-NYUNG:

 X4   X1   X1

VENTAJAS

Es muy gratificante ver que la flecha que acabas de disparar surca el aire y se clava en ese círculo dorado. Además, te permite imaginar cómo se sentían los arqueros en la Edad Media.

DESVENTAJAS

Lanzar una flecha no es tan fácil como imaginas. Cuesta bastante tensar la cuerda, y cuando la sueltas puedes llevarte un buen latigazo en la parte interna del brazo. Todo eso para que luego la flecha termine cayendo en un lago a kilómetros de la diana.

BOXEO

¿EN QUÉ CONSISTE?

Dos púgiles se suben a un cuadrilátero y se pegan en la cara y el cuerpo hasta que uno de los dos es declarado ganador.

Reglamento

Las normas cambian constantemente y son muchas, debido al peligro que entraña el juego, pero en esencia los boxeadores pelean tres asaltos de tres minutos y las boxeadoras, cuatro asaltos de dos minutos. El boxeador que consiga encajarle más golpes a su rival gana el combate por nocaut, porque el árbitro interviene y detiene el combate o por decisión de los jueces.

Solo se puede golpear al rival con los puños. Los codazos, los cabezazos, los mordiscos o los tirones de pelo conllevan una pérdida de puntos o la descalificación. Tampoco se permite pegar por debajo de la cintura.

CASCO
Desde 2016 los hombres no tienen que llevar casco, pero las mujeres aún sí.

SIN BARBA
La barba y el bigote están prohibidos.

PANTALONES SENCILLOS
Nada de diseños de fantasía… solo rojo o azul.

HABILIDADES NECESARIAS

Tienes que ser duro, estar en buena forma y que no te importe recibir golpes en la cara. Si cuando te caes te echas a llorar, ni lo intentes. Tu tamaño no importa, ya que hay distintas categorías de peso con nombres como peso mosca y peso pluma. Por supuesto, no tienes que pesar lo mismo que una mosca o una pluma. Eso sería ridículo.

CUADRILÁTERO
El boxeo empezó a practicarse dentro de un círculo de tiza trazado en el suelo, pero ahora se hace en una plataforma elevada con forma cuadrada, para que se pueda ver mejor el combate.

LESIONES

Conmociones, traumatismos, fracturas, pérdidas de memoria… la lista es larga. Cualquier lesión que se te ocurra puede sufrirla un boxeador.

UN POCO DE HISTORIA

La lucha cuerpo a cuerpo ha existido desde los tiempos en que un cavernícola intentó atizarle al vecino que le había robado su mamut lanudo. Así que los antiguos griegos la convirtieron en una competición de verdad en las Olimpiadas del 688 a. C. Este deporte forma parte de los Juegos Olímpicos modernos desde 1904 y el boxeo femenino se incorporó en 2012.

LONA
Suelo acolchado del cuadrilátero; nada que ver con la tela de las velas.

Jerga para entendidos

AL HÍGADO
Otra forma de llamar a un golpe en el estómago.

MANDÍBULA DE CRISTAL
Un boxeador con la barbilla débil, al que noquean con frecuencia.

GOLPE DE CONEJO
Un puñetazo ilegal en la nuca.

GUARDIA ZURDA
Forma de pelear de un boxeador zurdo.

GANCHO
Un puñetazo brutal.

PROBABILIDADES DE CONVERTIRTE EN UN CAMPEÓN

Escasas	Normales	Buenas	Fantásticas

Como se reciben muchos golpes en la cara, hay pocas personas dispuestas a ser boxeadores profesionales.

ENTRENAMIENTO

Ajústate unos guantes y lanza puñetazos al aire durante diez minutos. Si eres capaz de aguantar sin cansarte, ya has superado la primera fase. Después repítelo, pero pidiéndole a un amigo que te pegue con un cojín, y luego sal a correr 15 kilómetros. Además, tendrás que hacer todo esto sin quejarte ni perder los nervios.

PROTECTOR BUCAL
¿Te gustan tus dientes? Pues esto te ayudará a no perderlos.

GUANTES
Enormes guantes de cuero acolchados, por lo general rellenos de goma espuma, que se utilizan para proteger las manos, las muñecas y la cara del boxeador de su oponente… en teoría.

VISTA EN DETALLE

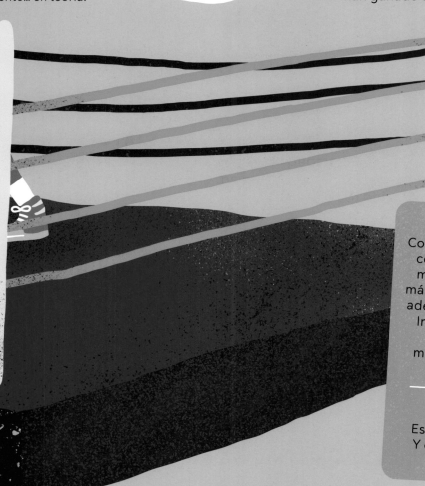

LOS MEJORES

En boxeo, EE.UU. y Cuba son los mejores con diferencia. Para este último país, es su especialidad olímpica; sus estrellas son Félix Savón y Teófilo Stevenson, con tres oros cada uno. También merece una mención especial el húngaro László Papp, que empata con ellos en oros. En boxeo femenino, la británica Nicola Adams y la estadounidense Claressa Shields han ganado dos oros cada una.

CUERDAS
Para evitar que los boxeadores salgan corriendo. Estar «contra las cuerdas» no es nada bueno, ya que suele significar que tu rival va ganando.

VENTAJAS

Convertirse en campeón olímpico conlleva también ser campeón mundial y una de las personas más famosas del planeta. Supone además ganar muchísimo dinero. Incluso los profesionales más destacados pueden ganar millones, aunque los dejen KO en los primeros asaltos.

DESVENTAJAS

Es obvio: llevarte una paliza. Y el entrenamiento también es durísimo.

ESGRIMA

¿EN QUÉ CONSISTE?

Una lucha con espadas muy educada y sin salirse de una línea recta. Aquí se esgrimen armas blancas y no argumentos.

Reglamento

Los tiradores o esgrimistas consiguen puntos por tocar al rival con su arma. Gana el que más tenga al finalizar las tres rondas o quien llegue antes a quince puntos. Sin embargo, no es tan sencillo. Existen tres tipos de armas (todas largas y estrechas) y las normas varían para cada una. Los tiradores en silla de ruedas usan una silla fijada al suelo, por lo que sus asaltos son rápidos y tácticos.

UN POCO DE HISTORIA

Los seres humanos llevan milenios luchando con espadas, pero la esgrima no se convirtió en un deporte como tal hasta los siglos XVII y XVIII. Para ello se ideó una careta y se aplanó la punta de las armas; se ve que atravesarle el pecho al rival no se consideraba muy deportivo. Llegó a las Olimpiadas en 1896, mientras que la esgrima en silla de ruedas fue uno de los deportes de los primeros Juegos Paralímpicos de 1960.

ENTRENAMIENTO

Queda con un amigo para ir al bosque y buscad dos palos largos y delgados. Brincad el uno hacia el otro y lanzaos estocadas con las puntas de las espadas de madera.

CHAQUETILLA ELÉCTRICA
Se utiliza sobre la chaquetilla de algodón y señaliza el número de tocados.

CHAQUETILLA
Por lo general es de algodón resistente y lleva una tira que pasa entre las piernas para que no se mueva. Probablemente preferirías que estuviese más acolchada.

MEDIAS LARGAS HASTA LA RODILLA
Este es un deporte elegante, así que atento a que no se te caigan.

CAZOLETA
Las espadas llevan una pieza de metal que protege los dedos de los esgrimistas.

ESPADA
A los tiradores les gusta considerarla un arma, pero en realidad es roma y no tiene bordes afilados.

HABILIDADES NECESARIAS

Debes ser diestro con el arma, pero también tener agilidad con los pies, pues se dan muchos saltitos adelante y atrás. Gritar y dar voces durante los asaltos es otra habilidad esencial, sobre todo para intimidar a tu adversario, pero también en parte para intentar convencer al árbitro de que has conseguido un punto.

PROBABILIDADES DE CONVERTIRTE EN UN CAMPEÓN

Escasas	Normales	Buenas	Fantásticas

En la mayoría de los países, la esgrima no se encuentra entre los deportes más populares.

Jerga para entendidos

EN GARDE ○ EN GUARDIA

Se dice al comienzo de un duelo para advertir a tu rival de que vas a atacarlo con una espada.

TOUCHÉ

Se utiliza cuando un tirador alcanza al otro con su arma.

ÁRBITRO

Persona que adjudica los puntos.

SALA

El recinto donde se celebra la competición.

TARJETA NEGRA

La peor tarjeta en cualquier deporte. Tienes que hacer algo tremendo para que te saquen una y quedas expulsado de inmediato del torneo.

LOS MEJORES

Italia y Francia son unos verdaderos campeones en esgrima, con 125 y 118 medallas. A Hungría tampoco se le da nada mal, con 87 medallas.

Edoardo Mangiarotti es el tirador más famoso del mundo y el mejor deportista olímpico italiano, con nada menos que 13 medallas. Comenzó a practicar este deporte a los 8 años y se convirtió en un tirador zurdo porque es más difícil batirse contra ellos.

RECUENTO DE MEDALLAS DE MANGIAROTTI: X6 X5 X2

VENTAJAS

Conseguir tocar a tu oponente con tu arma cuando este intenta hacer lo mismo es una sensación fantástica, sobre todo si te ha costado lograrlo.

DESVENTAJAS

El equipo es caro y los demás te marearán pidiéndote que les dejes probar tu espada un momento.

LESIONES

A pesar de que las armas son romas y usas prendas de protección, si te llevas un pinchazo fuerte en el pecho o un porrazo en la mano, podrían producirse hematomas. Al fin y al cabo, es una lucha con espadas.

PETO PROTECTOR

PANTALÓN

Pantalones cortos sujetos por unos tirantes, llamados a veces calzones. Es el único deporte donde puedes ponerte los calzones encima del resto de la ropa.

VISTA EN DETALLE

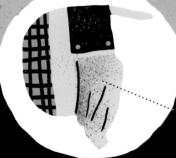

CARETA

El tirador lleva una rejilla en la parte delantera que protege la cara y un barbijo que cubre el cuello.

FALLO GARRAFAL

Al tirador francés Enzo Lefort se le cayó el móvil del bolsillo trasero durante un combate con un oponente alemán. No solo perdió el ataque, sino también la llamada de su madre para saber qué le apetecía de cena.

Yudo

¿EN QUÉ CONSISTE?

Un arte marcial japonés en el que los competidores, conocidos como yudocas, intentan tirar al suelo a su rival. Yudo significa «camino de la suavidad», pero hacer llaves y movimientos para que el adversario se caiga no parece suave, precisamente.

HABILIDADES NECESARIAS

Hay yudocas de todo tipo, así que se clasifica a los competidores en distintas categorías según su peso. De ese modo, si eres bajito no te tocará luchar contra un gigante con brazos como troncos. La fuerza bruta no es tan importante, pero necesitas tener buen equilibrio, valor y astucia.

Reglamento

Los yudocas pasan la mayor parte de los 4 minutos de un combate haciendo gestos como si trataran de robarse las chaquetas. En realidad, lo que intentan es tirar a su adversario boca arriba o inmovilizarlo en el suelo durante 20 segundos para conseguir un *ippon*, que otorga la victoria automática. Hay muchos otros movimientos con nombres molones, pero ninguno supera a un *ippon*.

No se permite dar puñetazos o patadas ni pegar en la cara. Tirar del pelo, morder o gritar también quedan excluidos. Tienes que concentrarte en agarrar, forcejear y derribar.

En los Juegos Paralímpicos, solo pueden competir deportistas con discapacidad visual, a los que se divide en distintas categorías en función de su peso y nivel de discapacidad.

HIGIENE

Todos los yudocas deben llevar las uñas de las manos y los pies muy cortas. El pelo largo tiene que ir recogido y los deportistas deben oler bien, así que no olvides darte una ducha antes del combate. Tu adversario gana automáticamente si te presentas hecho unos zorros.

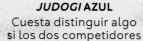

IPPON
También se conoce como el lanzamiento perfecto. Si lo consigues, ganas automáticamente.

JUDOGI AZUL
Cuesta distinguir algo si los dos competidores que forcejean van de blanco, así que uno de ellos viste de azul.

VISTA EN DETALLE

PIES DESCALZOS
Si te cuesta atarte los cordones, el yudo es el deporte ideal para ti.

UN POCO DE HISTORIA

Aunque parezca que el yudo tiene miles de años de antigüedad y que ya lo debían de practicar los samuráis cuando no estaban ocupados con las espadas, en realidad se inventó en 1882. El yudo fue deporte olímpico en 1964, y en los Juegos de 2020 participa por primera vez un equipo mixto.

ENTRENAMIENTO

Lo más importante en el yudo es aprender a caer correctamente. Existen distintas técnicas de caída o *ukemi*. La cama es el lugar ideal para practicar, pero asegúrate antes de que no haya nadie durmiendo en ella.

LESIONES

Las más habituales son las de espalda, hombro y rodilla. Sin embargo, la leyenda del yudo, Yasuhiro Yamashita, ganó el oro en las Olimpiadas de 1984 con un desgarro muscular en la pantorrilla que sufrió en los cuartos de final.

Jerga para entendidos

O-GOSHI
Un lanzamiento de cadera potente.

WAZA-ARI
La segunda mejor puntuación en yudo, por detrás del *ippon*.

KARI-ASHI
Un barrido de pie.

MATTE
Significa «alto». El árbitro da esta instrucción cuando detecta algún problema, por lo general para que los yudocas se arreglen el *gi*.

MAITTA
Dos golpes en el tatami es la señal que hace un yudoca cuando se rinde en un combate.

LOS MEJORES

El japonés Tadahiro Nomura ganó tres medallas de oro en la categoría de peso ligero en tres Juegos Olímpicos consecutivos. Su tío también obtuvo el oro en las Olimpiadas de 1972. Ryoko Tani tiene cinco medallas olímpicas: dos oros, dos platas y un bronce, además de cinco Campeonatos del Mundo. No es de extrañar que, siendo el país donde se inventó el yudo, Japón domine el medallero con 84 medallas.

RECUENTO DE MEDALLAS DE NOMURA: **X 3**

CHAQUETA Y PANTALÓN DE ALGODÓN GRUESO LLAMADO *JUDOGI* O *GI*

El *gi* se ata por la cintura con un cinturón de color, el *obi*, que indica cuál es tu nivel.

ÁRBITRO

Una persona muy elegante que se pasea junto a los yudocas y hace gestos con la mano para conceder puntos o penalizar.

TATAMI

Es un tapiz acolchado para evitar que te rompas los huesos en mil pedazos.

VENTAJAS

No te hace falta ser un musculitos para llegar a lo más alto en el yudo. Además, en este deporte hay algunos derribos impresionantes.

DESVENTAJAS

Hay personas a las que no les gusta que las lancen por los aires, ¡y cortarse las uñas menos aún!

PROBABILIDADES DE CONVERTIRTE EN UN CAMPEÓN

| Escasas | Normales | Buenas | Fantásticas |

En el mundo practican yudo más de 40 millones de personas, pero las posibilidades de ser un campeón son aún más bajas si vives en Asia o Francia, que es de donde proceden los mejores yudocas.

KÁRATE

¿EN QUÉ CONSISTE?

El deporte de combate que todos creen que dominan porque una vez lo vieron en una película de Hollywood. A diferencia de lo que se ve en el cine, exige disciplina, técnica, control y precisión.

GI
Uniforme blanco y suelto parecido a un pijama para que tengas libertad de movimientos.

Habilidades necesarias

Necesitas potencia, rapidez, fuerza y mucha decisión. Saber gritar ¡YIIIJAAA!, mientras das golpes al aire con las manos no basta.

CONTACTO VISUAL
Como muestra de respeto, mira a tu rival a los ojos en todo momento.

KIAI
Suelta tu poderoso grito de guerra cuando ataques; a ti te sirve de motivación e infunde temor a tu adversario.

GUANTES
Te cubren el dorso de la mano como protección.

ENTRENAMIENTO

Busca a un maestro karateca y dale la lata hasta que se harte y acceda a enseñarte gratis. Así es como funciona en todas las películas. Por desgracia, las posibilidades de toparte con un genio del kárate en el supermercado son ínfimas.

PROTECTORES DE PIES
Calzado suave y acolchado que te protege los pies.

CINTURÓN DE COLORES
A los karatecas olímpicos se les entrega un cinturón rojo (*aka*) o azul (*ao*) para diferenciarlos.

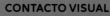

Jerga para entendidos

OSS
Saludo de respeto.

REI
Una reverencia sentado sobre los talones.

HAJIME
Comienzo del combate.

IPPON-NUKITE
Golpe con el nudillo del dedo índice. ¡Qué dolor!

NAKADA-KEN
Golpe con el nudillo del dedo corazón. Este también duele.

MAKIWARA
Un tablón acolchado en el que se practican los golpes.

LOS MEJORES

El debut olímpico del kárate llegará en 2020, así que quien consiga la primera medalla de oro estará haciendo historia. Los karatecas japoneses son sin duda los favoritos, puesto que ya han ganado el oro en la mayoría de los campeonatos mundiales, aunque Francia, España e Italia intentarán ponérselo difícil.

LESIONES

Las más habituales se localizar en la cabeza y el cuello: cortes, hematomas, narices rotas, dolores de cabeza, conmociones, etc. En cualquier caso, si tu adversario demuestr la técnica y el control necesario te evitarás cualquier lesión desagradable.

Reglamento

En el kárate existen muchos estilos diferentes, pero en los Juegos Olímpicos hay solo dos: *kata* y *kumite*.

Kata es una versión del kárate sin adversario; los luchadores, denominados karatecas, ejecutan ante los jueces una rutina con sus movimientos de ataque y de defensa que dura unos dos minutos. Los jueces eligen al ganador basándose en la velocidad, la fuerza, la concentración, la respiración, el equilibrio y el ritmo. Este tipo de kárate es el que todos creen que dominan delante del espejo o cuando fardan con los amigos en el parque.

Kumite es la parte del kárate en la que se combate. Los karatecas deben golpear con las manos abiertas, puños o piernas el cuerpo de su rival para conseguir entre uno y tres puntos (un *ippon*). Gana el primero que saque ocho puntos de ventaja al contrario o quien haya obtenido más puntos al finalizar la ronda.

VENTAJAS

Dejarás a los demás boquiabiertos en cuanto les digas que sabes kárate. Si además eres capaz de dar un par de saltos mortales al estilo *ninja*, te convertirás en el rey de la escuela.

DESVENTAJAS

Si no ejecutas bien los movimientos, puedes hacerte mucho daño. Además, exige muchísima práctica y un montón de reverencias.

ÁRBITRO
El juez que dirige el combate.

UN POCO DE HISTORIA

Los orígenes del kárate son bastante confusos y se remontan miles de años; puede que proceda de la India, China o Japón. El kárate (que significa «manos vacías») tradicional surgió hace siglos en Okinawa, una isla del archipiélago japonés, pero no comenzó a conocerse en otros países hasta la década de 1920. Las películas de artes marciales de los años sesenta y setenta lo popularizaron y enseguida todo el mundo se creyó un experto. El kárate se estrena en los Juegos Olímpicos de 2020.

TATAMI
Los combates tienen lugar sobre un tapiz de ocho metros de ancho.

PROBABILIDADES DE CONVERTIRTE EN UN CAMPEÓN

| Escasas | Normales | | Buenas | Fantásticas |

Se calcula que en el mundo hay más de 100 millones de personas que practican kárate, pero solo 10 000 lo hacen en un nivel avanzado. En los Juegos Olímpicos solo hay ochenta plazas para este deporte, así que tendrás que trabajar duro para conseguir una de ellas.

CINTURONES

Los colores de los cinturones indican la experiencia y varían en los distintos estilos de kárate, pero el blanco siempre es el más básico y el negro el más avanzado. Para participar en las Olimpiadas debes tener cinturón negro.

NEGRO
Tan mortífero como la mamba negra, una serpiente venenosa.

MARRÓN
Tan feroz como un oso pardo enfadado.

AZUL
Tan peligroso como un tiburón azul acosado.

VERDE
Tan terrorífico como un lagarto verde irritado.

ROJO
Tan letal como una ardilla roja hambrienta.

AMARILLO
Tan aterrador como una mariposa amarilla cansada.

BLANCO
Tan temible como un esponjoso conejo blanco.

LUCHA

¿EN QUÉ CONSISTE?

Un deporte de combate en el que dos luchadores con maillot rueden sobre una lona entre abrazos hasta que uno de los dos ya no pueda seguir moviéndose.

Reglamento

Hay dos disciplinas en los Juegos Olímpicos: la lucha grecorromana y la lucha libre. La lucha grecorromana solo es masculina y se permite atacar únicamente por encima de la cintura, con el tren superior o los brazos. En la lucha libre vale prácticamente todo.

Tu objetivo principal es inmovilizar los hombros de tu rival contra la lona durante un segundo, lo que se denomina toque. También obtienes puntos adicionales por los agarres y derribos durante el combate.

Los combates constan de dos periodos de tres minutos, pero terminan si hay un toque o una diferencia de 10 puntos (lucha libre) o de 8 puntos (lucha grecorromana). También puedes ganar si tu adversario recibe tres advertencias por comportamiento antideportivo o por pasividad.

UN POCO DE HISTORIA

La lucha es uno de los deportes más antiguos de los Juegos Olímpicos. Ya formaba parte de las Olimpiadas de la Antigüedad en las que se competía en cueros. Durante los dos milenios siguientes, cada civilización inventó su propia versión de la lucha, aunque en la actualidad la practican sobre todo los niños —y algunos adultos— para ver quién se queda con el mando del televisor.

La lucha entró en los Juegos Olímpicos en 1896, aunque la modalidad femenina no llegó hasta 2004.

LOS MEJORES

EE. UU. es el país con más medallas, aunque Rusia, Japón y Turquía también ocupan buenos puestos. El mejor en lucha libre de todos los tiempos es el japonés Kaori Icho, con cuatro oros.

UN PAÑUELO BLANCO
Se utiliza para limpiar sobre la marcha la sangre o los mocos; si no lo llevas en todo momento, recibes una advertencia.

VISTA EN DETALLE

HABILIDADES NECESARIAS

Tienes que ser fuerte y recio, un buen estratega y reaccionar con rapidez para identificar las oportunidades de atacar. Si te da asco acercarte a la axila de otra persona, cambia de deporte.

ÁRBITRO
La persona que concede los puntos; usa un silbato para dar inicio al combate y detenerlo. Lo ayudan un juez y un jefe de lona, situados fuera de esta.

LONA
La zona de combate es circular y de goma gruesa; se parece un poco a una nube de azúcar gigantesca.

| Escasas | Normales | Buenas | Fantásticas |

La lucha goza de gran popularidad en Turquía, Mongolia y los países que rodean Rusia. Sin embargo, debido a la fama de la lucha profesional —por ejemplo, la WWE—, actualmente se considera un arte en extinción. Esta es tu oportunidad. ¿A qué esperas?

Jerga para entendidos

SQUEEEZE
El público grita esto para animar al luchador que está encima a sujetar al que trata de escapar.

CINCO
Por derribar a tu oponente en el aire consigues cinco puntos.

DERRIBO
Cuando tiras a tu adversario sobre la lona y asumes el control.

OREJA DE COLIFLOR
Cuando la oreja se te llena de bultos a causa de los golpes constantes.

RIVAL ESCURRIDIZO
Untarse con una sustancia grasa para que tu contrincante no pueda agarrarte también está prohibido.

EQUIPO PROTECTOR
Más fino que la rodillera, ayuda a los luchadores a deslizarse sobre la lona.

ENTRENAMIENTO
Tus hermanos pequeños pueden ser unos compañeros de entrenamiento ideales. Busca cualquier excusa para discutir, por ejemplo sobre a quién le toca el último puñado de cereales de la caja, y luego luchad hasta que hayas conseguido pegarle los dos hombros al suelo. Arráncale los cereales de las manos, cómetelos y pídele a tu madre que te dé aire con una toalla para refrescarte; con la lucha se suda mucho.

UÑAS CORTAS
Para que no hagas trizas a tu adversario.

PROTECTOR BUCAL
¿Orgulloso de tu sonrisa? Pues más te vale ponértelo.

MAILLOT
Un contendiente va de rojo y el otro, de azul.

RODILLERAS
Para prevenir las lesiones de rodilla, sobre todo porque se pasa mucho tiempo en cuclillas.

CALZADO DE LUCHA
Este es el único equipo obligatorio, pero si quieres evitar las risas, deberías comprar también un maillot.

VENTAJAS
Luchar contra tu adversario, superarlo con tu estrategia y luego inmovilizarlo contra el suelo es la partida de ajedrez definitiva.

DESVENTAJAS
Si no te gusta que te restrieguen la cara por el suelo ni rebozarte con el sudor de otra persona, mejor quédate en el sofá.

LESIONES
Cualquiera que se te ocurra: hematomas, esguinces, cortes, fracturas y conmociones. En la lucha se ve de todo.

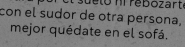

TAEKWONDO

¿EN QUÉ CONSISTE?

Es un deporte de combate en el que dos luchadores tratan de darse patadas o puñetazos en el cuerpo o la cabeza para anotar puntos.

Reglamento

Hay tres rondas de dos minutos, con un minuto de descanso entre ellas, que es cuando los entrenadores te abanican la cara con una toalla para que te refresques. Los jueces conceden puntos por las patadas y los puñetazos más impresionantes: por un golpe normal en el cuerpo, un punto; por una patada en la cabeza, dos; y por derribar al rival, tres. Además, otorgan un punto adicional por ejecutar cualquiera de estos movimientos con un giro.

Se restan puntos por penalizaciones como atacar a la cara, dar puñetazos en la cabeza, tirar del rival para hacerlo caer, cruzar la línea límite del tatami o darle la espalda al contrario.

Gana el deportista que haya conseguido un nocaut o acumulado más puntos al final de las tres rondas.

ENTRENAMIENTO

Haz muchos estiramientos para calentar, luego coloca una pelota en el techo del coche de tu padre e intenta saltar, dar un giro en el aire y derribarla de una patada. Si rompes una ventanilla o un retrovisor o si abollas la puerta, sal corriendo y escóndete bajo la cama tres meses, hasta que se le pase el enfado.

VISTA EN DETALLE

CASCO

Las patadas en la cabeza son uno de los movimientos principales, por eso los cascos de protección son uno de los elementos básicos del equipo.

PROTECCIONES

Los deportistas llevan casco, protector bucal, protectores de antebrazo, espinilleras, petos y coquillas.

DOBOK

Chaqueta blanca con cuello en pico y pantalones holgados.

HOGU

El peto acolchado, de color rojo o azul, se pasa por encima de los hombros y se ata a la espalda. Es la zona de puntuación más habitual.

PROTECTORES DE PIE ELECTRÓNICOS

Los sensores electrónicos de los protectores de pie registran la precisión y potencia de las patadas. No se te ocurra meterlos en la lavadora.

LESIONES

A pesar de todas las protecciones, a veces en taekwondo te haces daño. Los problemas más habituales son las distensiones musculares, pero las patadas en la cabeza pueden ocasionar lesiones de cuello y conmociones.

FALLO GARRAFAL

El deportista cubano Ángel Matos se enfadó tanto cuando lo descalificaron en el combate por la medalla de bronce en las Olimpiadas de 2008 que le dio una patada en la cara al árbitro sueco. Matos, que había ganado el oro en los Juegos de 2000, fue vetado en este deporte de por vida.

Jerga para entendidos

KYUNGNET
Es el saludo, imprescindible antes de comenzar cada combate.

KIHAP
Grita esto mientras das una patada o puñetazo potentes.

¡SHI-JAK!
Los árbitros exclaman esta orden al inicio del combate.

CHAGI
Patada.

Un poco de historia

El taekwondo lo ideó tras la Segunda Guerra Mundial un maestro en artes marciales coreano. *Tae, kwon* y *do* significan «pie», «puño» y «camino de» respectivamente, así que taekwondo quiere decir «el camino del pie y el puño» o, lo que es lo mismo, «la forma de dar puñetazos y patadas».

En la actualidad se practica en casi doscientos países de todo el mundo y se convirtió en deporte olímpico en 2000.

PROBABILIDADES DE CONVERTIRTE EN UN CAMPEÓN

Escasas   Normales   Buenas   Fantásticas

A cada país se le permite inscribir a un solo deportista por categoría de peso, así que básicamente tienes que ser el mejor de tu país. Por otra parte, es un deporte en auge, así que si te inscribes ahora podrías tener una oportunidad.

HABILIDADES NECESARIAS

Para convertirte en un buen taekwondista, debes ser valiente, fuerte, flexible y ágil. Si eres incapaz de tocarte los dedos de los pies o de subir la pierna a la mesa de la cocina con comodidad, te resultará imposible dar un giro con patada en el aire. No necesitas ser musculoso, ya que los deportistas, tanto masculinos como femeninos, se clasifican en categorías por peso: mosca, pluma, medio y pesado.

CINTURÓN DE COLOR
Para competir en unas Olimpiadas necesitas ser cinturón negro o superior. Cuantas más marcas tenga tu cinturón negro, más alto es tu nivel.

TATAMI
Los combates se disputan en un tapiz octogonal de 8 metros de diámetro.

LOS MEJORES

Corea del Sur, cuna de este deporte, es quien tiene más medallas: 19, 12 de ellas de oro. China cuenta con 10.

El estadounidense Steven López y el iraní Hadi Saei han ganado tres medallas cada uno, dos de oro en ambos casos. Además, Saedi es el deportista olímpico con más éxito de su país. Empezó con el taekwondo a los seis años.

En la categoría femenina, la surcoreana Hwang Kyung-Seon es la primera mujer que ha conseguido tres medallas olímpicas en este deporte, dos oros y un bronce.

VENTAJAS
El taekwondo es rápido, combativo y un gran espectáculo. Se premian los golpes en ataque, así que los deportistas siempre tratan de propinar una patada giratoria a la cabeza.

DESVENTAJAS
Requiere mucho trabajo aprender todos los movimientos y ejecutarlos correctamente.

RECUENTO DE MEDALLAS DE HWANG: X 2 X1

Deportes acuáticos

NATACIÓN

¿EN QUÉ CONSISTE?

En ser el más rápido en recorrer a nado el largo de una piscina rectangular, moviendo los brazos y las piernas según cuatro estilos distintos.

Reglamento

Nada más rápido que todos los demás y llega el primero a la meta.

BAÑADORES DE HOMBRE LLAMADOS *JAMMERS*
El torso y la parte inferior de las piernas deben ir descubiertos.

BAÑADOR DE MUJER DE UNA PIEZA
Se confecciona con un material de alta tecnología que reduce el roce con el agua.

TAPONES PARA LOS OÍDOS
Algunos nadadores usan tapones en los oídos para que no les entre agua.

PLATAFORMA DE SALIDA
En algunas competiciones los nadadores toman la salida zambulléndose desde una pequeña plataforma delante de su calle.

CORCHERAS
La piscina se divide en calles mediante unas cuerdas que van de un extremo al otro y se sostienen con flotadores de corcho.

SIN AYUDAS
A los nadadores paralímpicos no se les permite llevar prótesis ni dispositivos de asistencia en la piscina, sino que se los deben quitar antes de entrar.

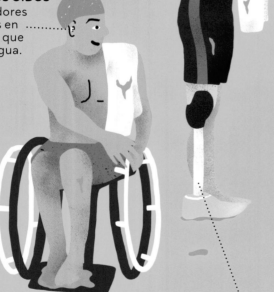

COMPETICIONES

BRAZA

Es el estilo más lento. Para nadar a braza, debes perfeccionar su característica patada e imaginar que con las manos estás recogiendo paladas de arena y luego lanzándola hacia atrás.

ESTILO LIBRE

En estilo libre puedes elegir el tipo de brazada que prefieras, aunque por el momento nadie ha ganado una medalla con el estilo perrito. El crol es la brazada más rápida y los nadadores apenas sacan la cabeza para respirar.

ESPALDA

Consiste en nadar boca arriba, haciendo girar los brazos como aspas de un molino.

MARIPOSA

Este es el estilo más difícil y agotador, ya que se levanta mucha agua tanto con las piernas como con los brazos.

VENTAJAS

Es un deporte de bajo impacto y estupendo para mantenerse en forma. Las piscinas están calentitas y son agradables y prácticas para el aseo.

DESVENTAJAS

Los madrugones. La mayoría de los aspirantes a nadador de élite son estudiantes, así que tienen que entrenar antes de las clases. Además, su carrera es corta, ya que los nadadores suelen retirarse antes de los 30 años.

Un poco de historia

La natación se inventó en la Edad de Piedra, cuando los seres humanos se dieron cuenta de que muchos se ahogaban al intentar caminar bajo el agua.

A pesar de haber existido miles de años, la natación no se convirtió en un deporte de competición hasta el siglo XIX. Sucedió en los primeros Juegos Olímpicos de 1896 y en los primeros Paralímpicos de 1960. Solo por dar la nota, el estilo espalda no se incorporó hasta 1904 y la natación femenina lo hizo en 1912.

CUERPOS SIN VELLO

En esencia tu objetivo es resultar lo más suave y resbaladizo posible, como una pastilla de jabón en la bañera o un delfín.

VISTA EN DETALLE

ENTRENAMIENTO

Abre el grifo, llena el lavabo de agua y sumerge la cabeza dentro. Pasados 10 segundos, ladea la cabeza hasta poder coger una bocanada de aire. Repite la operación hasta que tu madre te regañe por salpicarlo todo y dejar el suelo empapado.

GAFAS Y GORRO

El gorro no es obligatorio, pero la mayoría de los nadadores lo usan. Las gafas de plástico les permiten ver debajo del agua y protegen los ojos de los productos químicos irritantes.

HABILIDADES NECESARIAS

Ayuda tener brazos y piernas largos, y pies y pulmones grandes.

Jerga para entendidos

VIRAJE

Una voltereta bajo el agua que se realiza al finalizar un largo para dar la vuelta con rapidez.

MP

Marca personal en un estilo y distancia.

VIRAJE ABIERTO

Viraje usado en braza y mariposa en el que se toca la pared con las dos manos.

PATADA DE DELFÍN

Patada en la que se mantienen las piernas y los pies juntos y que se usa en estilo mariposa.

LOS MEJORES

E. UU. tiene más de 550 medallas, 246 de ellas de oro, y más e 680 en los Juegos Paralímpicos. ¡Un montón!

Michael Phelps es el rey de los nadadores y el mejor deportista límpico de todos los tiempos. Ha ganado 28 medallas olímpicas, 3 de oro. Sus apodos son «el pez volador» y «la bala de altimore»…, obviamente porque es de Baltimore y nada tan ápido como una bala.

a nadadora paralímpica estadounidense Trischa Zorn tiene 5 medallas y es la mejor deportista paralímpica de la historia.

RECUENTO DE MEDALLAS DE ZORN: X41 X9 X5

LESIONES

Es muy difícil romperse un hueso en el agua, por lo que los nadadores padecen sobre todo lesiones musculares. Aun así, si decides nadar a espalda, es probable que te choques con la cabeza en el bordillo más de una vez. Cuenta con un buen chichón.

PROBABILIDADES DE CONVERTIRTE EN UN CAMPEÓN

Escasas — Normales — Buenas — Fantásticas

Bajas, porque la natación es muy popular en todo el mundo, además de una habilidad básica.

DEPORTES ACUÁTICOS
Salto

¿EN QUÉ CONSISTE?

Hay que saltar desde una superficie elevada, realizando una serie de acrobacias complicadas, y entrar en el agua de forma impecable, sin salpicar apenas.

Reglamento

El salto es muy sencillo. Ejecutas varios saltos con los que acumulas el mayor número de puntos posible. Gana el saltador con la puntuación más alta. Es en la puntuación donde reside la dificultad, ya que se basa en factores como la complejidad del salto, el despegue y la entrada, entre otros, y se van restando puntos de una puntuación máxima de 10. Así que no creas que vas a triunfar por lanzarte en bomba.

UN POCO DE HISTORIA

Los seres humanos llevan saltando desde precipicios para demostrar su valentía desde siempre, pero no lo convirtieron en una competición hasta la década de 1880. A comienzos del siglo xx se incluyeron distintos saltos en los Juegos Olímpicos (sencillo, variedad y de gran altura), pero el tipo de salto que conocemos en la actualidad (trampolín y plataforma) no se incorporó hasta 1928 y el salto sincronizado, en el que dos deportistas saltan a la vez, entró en el año 2000.

VISTA EN DETALLE

BAÑADOR
Cuanto más pequeño, mejor.

TOALLA
A ningún saltador debe faltarle una toalla pequeña para secarse entre salto y salto.

TRAMPOLÍN DE 3 METROS
Un tablón muy flexible que se utiliza para impulsarse lo más alto posible y poder realizar una acrobacia impresionante en el aire.

ENTRENAMIENTO

Tendrás que buscar una piscina con trampolín. Si te ves capaz, sube y mira hacia el agua. En caso de que las piernas no se te hayan quedado como un flan, salta con los pies por delante. Si la experiencia te convence, repítela todas las veces que quieras.

VENTAJAS

El salto es uno de los deportes más populares entre los espectadores de las Olimpiadas y, bien ejecutado, es impresionante.

DESVENTAJAS

El factor miedo es brutal. Realizar mal el salto y estamparte contra el agua queda un poco ridículo, sin hablar de lo que duele.

PLANCHAZO
Impactar en el agua en el ángulo incorrecto. ¡Ay!

RIP
Cuando el saltador entra en el agua sin salpicar apenas.

SALTO INCOMPLETO
Si el saltador no ejecuta la pirueta completa; suele acabar en un planchazo.

LESIONES
A pesar de lo peligroso que parece, las lesiones graves en salto son muy infrecuentes. Pero sí pueden aparecer hematomas por planchazos fuertes y lesiones en hombros, brazos y espalda.

PLATAFORMA DE 10 METROS
Mide lo mismo que dos jirafas una sobre la otra, pero las jirafas solo se colocan así cuando los humanos miramos hacia otro lado.

LOS MEJORES

EE. UU. tiene el récord de medallas con nada menos que 139, pero en los últimos años China ha empezado a dominar, sobre todo en salto femenino. Una de las campeonas más jóvenes de la historia, Fu Mingxia, ha ganado 5 medallas olímpicas. Obtuvo la primera a los 13 años, y fue desde la plataforma de 10 metros. ¡Impresionante!

RECUENTO DE MEDALLAS DE FU: (1) X4 (2) X1

CARPADO
Cuando el saltador dobla el cuerpo por la cintura, con las piernas estiradas y los dedos de los pies en punta.

VICTORIA ÉPICA
El saltador estadounidense Greg Louganis se hizo una brecha en la cabeza al golpearse con el trampolín en uno de sus saltos en los Juegos de 1988. A pesar de sufrir una conmoción, ganó el oro.

PROBABILIDADES DE CONVERTIRTE EN UN CAMPEÓN

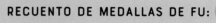

Escasas — Normales — Buenas — Fantásticas

El salto no es un deporte muy habitual en las escuelas, aunque algunos saltadores olímpicos tienen tan solo 14 años. Se suele empezar por la gimnasia artística o acrobática antes de pasar al foso de salto, siempre que no te falte valor.

PISCINA MUY PROFUNDA
Para que los saltos sean seguros, al pie de la plataforma hay una piscina muy profunda llamada foso. Es más, para mayor seguridad, tampoco hay tiburones en la piscina.

HABILIDADES NECESARIAS

La más importante es la valentía. Si consigues subir a lo alto de la plataforma y saltar, caerás al agua a unos 40 kilómetros por hora. Un poco de miedo sí que da.

También debes tener talento para la gimnasia, las acrobacias o el baile. Algunos saltos comienzan haciendo el pino, así que ve practicando.

DEPORTES ACUÁTICOS
WATERPOLO

¿EN QUÉ CONSISTE?

Un deporte de equipo en el que lanzas un balón hasta el otro lado de la piscina e intentas anotar todos los goles que puedas.

Jerga para entendidos

TIRO CON REBOTE
Un tiro de gran potencia dirigido hacia el agua, con intención de que rebote y se cuele en la portería.

PASE SECO
Un pase que se lanza y recibe sin que el balón toque el agua.

VASO
Otro nombre que se le da a la piscina.

BOYA
Se denomina así al jugador más corpulento, inteligente y con más potencia de tiro.

PASE DE AGARRE INFERIOR
El balón se agarra desde abajo y atrás, el pase tiene que ser rápido para no perder el balón.

ENTRENAMIENTO

Ve hasta la piscina más cercana y quédate 30 minutos flotando en el agua sin acercarte al bordillo. Luego, pídele a un amigo que intente robarte el balón mientras tú tratas de lanzarlo con una sola mano hasta el otro lado de la piscina. ¡Está chupado!

PISCINA
La piscina es profunda en todas partes, para que no toques el fondo. Suele tener 20-30 metros de largo y 10-20 metros de ancho, con unas porterías flotantes de 3 metros de ancho por 0,9 metros de alto.

PROTECTOR BUCAL
El waterpolo puede ser bastante agresivo, y después del partido querrás tener dientes para comer.

BAÑADORES LIGEROS Y AJUSTADOS
Las faltas por agarrar el bañador son habituales, así que estos deben ser resistentes.

Reglamento

Dos equipos de siete jugadores (incluido el portero) tienen que marcar el mayor número de goles posible en la portería rival lanzando el balón con una sola mano. Solo el portero puede usar las dos manos. Tienen 30 segundos para cada ataque. Existen muchos tipos de faltas —una incluso se denomina de brutalidad—, y quienes las cometen pasan un tiempo en una zona de reentrada.

Un partido consta de cuatro cuartos de ocho minutos, pero pueden durar más, ya que el cronómetro se detiene cuando el balón no está en juego.

UN POCO DE HISTORIA

El waterpolo surgió en Gran Bretaña a mediados del siglo XIX como una variante del rugby, pero en el agua. Consistía básicamente en que dos equipos se diesen una tunda en un río o lago mientras trataban de llevar una pelota de goma hasta la orilla contraria. Los jugadores podían meterse el balón en el bañador, hacerles aguadillas a los rivales y luchar. Era un caos hasta que para las Olimpiadas de 1900 se introdujeron unas normas más estrictas. El waterpolo femenino se incorporó un siglo más tarde.

HABILIDADES NECESARIAS

Tienes que ser un buen nadador, con facilidad para mantenerte a flote, y al que no le importen las salpicaduras ni llevarse una paliza.

VISTA EN DETALLE

GORRO
Lleva un número que indica tu posición.

GORRO DE PORTERO
Es de distinto color al del resto del equipo.

PROTECTORES PARA OREJAS
Para evitar que te las arranquen y mantenerlas secas.

VENTAJAS

No tienes por qué aburrirte nadando siempre en línea recta, como en natación. El waterpolo es rápido e intenso.

DESVENTAJAS

La mayoría de los jugadores son muy musculosos, así que sus golpes duelen.

LESIONES

Balonazos en la cara, orejas machacadas, arañazos, tragar litros de agua clorada y picor de ojos, porque los waterpolistas no llevan gafas.

LOS MEJORES

Hungría se impone al resto, con 15 medallas, 9 de ellas de oro. EE. UU. encabeza el medallero en competiciones femeninas, con 2 oros de un total de 5 medallas.

PROBABILIDADES DE CONVERTIRTE EN UN CAMPEÓN

| Escasas | Normales | Buenas | Fantásticas |

Si vives en África o Asia, tienes muchas posibilidades. En esos continentes, ningún país ha ganado medallas; los hay que a veces ni se molestan en participar. Las opciones son más complicadas si vives en Europa del Este, porque ahí el waterpolo se lo toman muy en serio.

DEPORTES ACUÁTICOS

Natación sincronizada

¿EN QUÉ CONSISTE?

Mezcla de natación y *ballet* en una piscina, con un vestuario lleno de brillos y todo al ritmo de la música.

VESTUARIO BRILLANTE
Las nadadoras llevan unos bañadores decorados al detalle, a juego con la belleza de sus coreografías.

GELATINA
Las nadadoras usan una gelatina con la que se barnizan la cabeza para que durante la actuación no se les mueva ni un pelo.

SIN GAFAS
Para mantener el contacto visual con los jueces en todo momento.

LESIONES

Sobre todo, lesiones de espalda y cadera a causa de tanto baile, además de que probablemente tragues bastante agua.

VARIEDAD DE EXPRESIONES FACIALES
La de mostrar una sonrisa de oreja a oreja parece ser la favorita.

Un poco de historia

Todo el mundo ha intentado hacer el pino en el agua durante las vacaciones. Solo que, en vez de conformarse con el aplauso de sus madres, a comienzos del siglo xx algunas personas sofisticaron los movimientos, lo llamaron *ballet acuático* y empezaron a idear complicadas coreografías para espectáculos y películas.

De ahí surgiría luego un deporte que en 1984 entró a formar parte de los Juegos Olímpicos como natación sincronizada.

PINZA NASAL
Las nadadoras pueden aguantar mucho tiempo bajo el agua gracias a una pinza especial que evita que se les meta por la nariz.

NO TOCAN EL FONDO
Por este motivo las elevaciones son aún más impresionantes.

Reglamento

La natación sincronizada y la gimnasia rítmica son los únicos deportes olímpicos en los que solo participan mujeres. Las nadadoras de sincronizada ejecutan coreografías muy vistosas al ritmo de la música, en las que se valoran los movimientos que realizan tanto por debajo como por encima del agua.

Hay dos tipos de competición: por dúos, con dos nadadoras, y por equipos, con ocho. Cada competición incluye dos rutinas: una técnica, que dura casi tres minutos, y otra libre, que dura entre tres y cuatro minutos. Por desgracia, nadie se ha planteado aún hacer el tonto en una colchoneta inflable. Una verdadera pena…

Los jueces valoran las rutinas sobre una escala de 100 puntos. Prestan atención a la sincronización de los movimientos, la dificultad de los elementos y la impresión artística global de la coreografía.

LOS MEJORES

Rusia tiene 10 medallas olímpicas de oro en equipos, de las que Anastasia Davydova, Natalia Ishchenko y Svetlana Romashina han ganado 5 cada una. Japón es quien más medallas atesora, con 14, pero ninguna es de oro.

ENTRENAMIENTO

Métete en la bañera con alguno de tus hermanos e imitad vuestros movimientos durante tres minutos. Luego, ejecutad el ejercicio para que lo vean vuestros padres mientras mostráis la mayor de las sonrisas. Si no les gusta, empapadlos.

VENTAJAS

La natación sincronizada es espectacular. Mientras que a muchas personas les cuesta recordar qué han desayunado, estas nadadoras memorizan y sincronizan sus complicadas coreografías a la perfección; y mientras pasan gran parte del tiempo bajo el agua conteniendo la respiración. ¡Qué talento!

DESVENTAJAS

Hay que entrenar mucho, y saber que un error tuyo podría arruinar el ejercicio de las demás aumenta la presión. Además, tienes que pasar mucho tiempo en la piscina, con la cara pegada a los pies de tus compañeras, y saldrás hecha una pasa.

VISTA EN DETALLE

MÚSICA BAJO EL AGUA
Un altavoz dentro del agua ayuda a las nadadoras a seguir el ritmo de la música.

MUCHO MAQUILLAJE RESISTENTE AL AGUA Y HORQUILLAS
Las nadadoras de sincronizada utilizan un maquillaje muy recargado y teatral para que los jueces aprecien sus expresiones faciales desde lejos.

HABILIDADES NECESARIAS

Necesitas fuerza y flexibilidad, además de sentido del ritmo y habilidades gimnásticas. Tampoco está de más tener unos pulmones de ballena. Ah, y nadar bien es imprescindible.

Jerga para entendidos

BOOST
Un salto fuera del agua con la cabeza por delante.

REMADA
Movimientos con las manos para mantener el equilibrio.

PATADA ROTATORIA
Mantenerse a flote haciendo rotar las piernas en distintas direcciones.

ZONA SECA
Los pasos de baile que se ejecutan antes de lanzarse al agua.

PROBABILIDADES DE CONVERTIRTE EN UNA CAMPEONA

Escasas	Normales		Buenas	Fantásticas

Si eres una sirena, tienes muchas posibilidades de hacerte con una medalla.

PIRAGÜISMO

¿EN QUÉ CONSISTE?

En remar lo más rápido posible en una barca estrecha y puntiaguda para ganar a los demás participantes de la carrera. El piragüismo olímpico incluye regatas en aguas tranquilas y eslalon, tanto para piraguas como para kayaks.

UN POCO DE HISTORIA

La piragua o canoa es el tipo de embarcación más antigua que existe, ya desde la Prehistoria. Sin embargo, siempre se han utilizado más para el transporte y la caza que para descender por rápidos a toda velocidad mientras alguien controla el tiempo, sobre todo porque los cavernícolas no tenían cronómetros. La categoría en aguas tranquilas entró en los Juegos Olímpicos en 1936 y el eslalon en 1972.

Reglamento

Las regatas de piraguas y kayaks en aguas tranquilas no tienen ningún misterio. Consisten en una carrera en línea recta hasta la meta sobre una extensión de aguas calmas. Recuerda, en el kayak vas sentado y en la piragua apoyas la rodilla.

El eslalon es mucho más complicado, porque tienes que zigzaguear por los rápidos de aguas bravas para alcanzar la meta, pasando por unas puertas, pero sin tocarlas. Para incrementar la dificultad, algunas de las puertas son de remonte, por lo que debes remar a contracorriente. Penaliza tocar las puertas, no cruzarlas o hacerlo, pero al revés.

HABILIDADES NECESARIAS

Lo fundamental es la fuerza en el tren superior. Los regatistas en aguas tranquilas necesitan además mucha resistencia, sobre todo en distancias largas. Evitar que el kayak vuelque y te lance fuera también requiere de gran habilidad y equilibrio.

CHALECO SALVAVIDAS

Solo los regatistas de eslalon lo necesitan para mantenerse a flote si vuelcan en los rápidos.

VISTA EN DETALLE

LESIONES

Las más habituales son las lesiones de hombro y muñeca. Sin olvidar la cantidad de agua que tragas.

REMO DE PIRAGUA
Tiene una sola pala y un mango con forma de T.

7

6

PIRAGUA
Embarcación abierta para uno o más piragüistas. En eslalon se apoyan las dos rodillas y solo una en aguas tranquilas.

LOS MEJORES

Hungría encabeza el medallero con 80 medallas, le sigue Alemania, con 70. La mejor piragüista es la germana Birgit Fischer, que ha ganado 12 medallas en seis Juegos Olímpicos. Consiguió la primera a los 18 años y la última, a los 42.

RECUENTO DE MEDALLAS DE FISCHER:

 X8   X4

ENTRENAMIENTO

Llena la bañera y métete dentro completamente vestido. Coge la cuchara más grande que encuentres en la cocina, introdúcela en el agua y da una palada por la izquierda y luego otra por la derecha; mantén el ritmo hasta que estés agotado.

REMO DE KAYAK
Tiene dos palas y es más largo que el remo de piragua.

CASCO
Te protege la cabeza mientras haces contorsiones para cruzar todas las puertas.

KAYAK
Embarcación cerrada para uno o más piragüistas que se sientan en su interior con las piernas estiradas por delante del cuerpo.

CUBREBAÑERAS
Evita que entre agua en el kayak.

PUERTAS
Los remadores deben franquear algunas de las puertas colgantes corriente arriba y otras corriente abajo.

VENTAJAS

Surcar las aguas a toda velocidad o medir tus fuerzas en unos rápidos formidables es una experiencia apasionante. Si vas en una embarcación de dos o cuatro piragüistas, también puede ser un deporte de equipo fantástico.

DESVENTAJAS

Si eres más bien de secano, seguro que lo disfrutas más desde la orilla.

Jerga para entendidos

VOLCAR
Cuando tu embarcación se queda del revés.

ANEGAR
Cuando el kayak se llena de agua por accidente.

REMOLINO
Corriente de agua circular que puede hacer volcar los kayaks.

PROBABILIDADES DE CONVERTIRTE EN UN CAMPEÓN

Escasas   Normales   Buenas ↑ Fantásticas

No hay muchas personas que tengan una embarcación o que vivan cerca de unos rápidos.

SURF

VISTA EN DETALLE

INVENTO
Se ata al tobillo
o a la muñeca
y evita que pierdas
la tabla si te caes.

¿EN QUÉ CONSISTE?
En montar sobre una tabla puntiaguda
y cabalgar una ola gigantesca intentando
aparentar que es pan comido.

PROTECTOR SOLAR
Es importante para
proteger a los surfistas
del rigor del sol.

CUIDADO CAPILAR
No te pases horas
arreglándote el
pelo antes de ir
a surfear porque
te vas a empapar
sí o sí.

CERA O PARAFINA
Se parece al chocolate
blanco (pero no la pruebes,
no está nada buena).
Se extiende sobre la tabla
y con ella se consigue
más agarre.

CRUNCHER
Una ola gigantesca
y que cuesta
mucho cabalgar.

Reglamento

Los surfistas compiten en grupos de 2 o de 4
y disponen de unos 20 minutos para surfear
cualquiera de las olas que les lleguen.
Los jueces los califican en función del tipo
y dificultad de los movimientos que
ejecutan, y los dos surfistas con mayor
puntuación pasan a la ronda siguiente.

Solo se permite que haya un surfista por
ola, así que es necesario aprender algunas
normas de cortesía. También tienes que
saber qué olas prometen ser de las buenas,
o se te irá el tiempo flotando en la tabla
mientras los peces te mordisquean los pies
y tus rivales se deslizan sobre el agua.

UN POCO DE HISTORIA

El surf tiene miles de años de antigüedad. Los habitantes de las islas
del océano Pacífico utilizaban tablas para aprovechar las olas
y llevar a tierra más rápido lo que habían pescado. Los exploradores,
viajeros y turistas europeos observaron que los isleños lo pasaban en
grande con sus tablas y, al regresar, se llevaron este deporte consigo.
Empezó a tomar fuerza a finales del siglo XIX y principios del XX.

LESIONES

Normalmente caer al agua no duele, ¿verdad?
Pues cuando te rompe encima una ola gigantesca
sí que duele, y mucho. El surf es peligroso, por lo
que son habituales los grandes cortes, las lesiones
en la cabeza y los hombros, las conmociones y los
hematomas. Las mordeduras de tiburón son muy
poco frecuentes, a menos que actúes en una película.

ENTRENAMIENTO

No te metas en el agua. Extiende una tabla de planchar en el suelo y túmbate encima. A continuación, prueba a ponerte en pie de un salto. A esto se le llama *pop-up*. Se parece un poco a hacer una pequeña flexión. Practica este movimiento una hora. Después colócate de pie en la tabla y pídele a alguien que la balancee con fuerza hacia los lados e intente hacerte caer.

Jerga para entendidos

SUBIDÓN
Emoción intensa.

GOOFY
Surfista que coloca el pie derecho delante.

WEDGE
Nombre de una ola muy empinada.

GROMMET
Un surfista joven.

STICK
Otra forma de referirse a la tabla.

SHAKA
Gesto con la mano en el que se extienden el pulgar y el meñique. Tiene distintos significados: hola, mola, todo va bien...

WIPEOUT
Saltar de la tabla, normalmente de cabeza, de forma espectacular.

ESTABILIZADORES
Las quillas que lleva la tabla por debajo sirven para que se mantenga estable sobre la ola.

TRAJE DE NEOPRENO
Los surfistas usan unos trajes especiales que conservan el calor corporal en el agua.

LOS MEJORES

El medallista de oro en natación hawaiano Duke Kahanamoku luchó durante toda su vida para que el surf se convirtiese en deporte olímpico. Por desgracia, para cuando debute en los Juegos de 2020, habrán pasado más de 50 años desde su fallecimiento.

TABLA DE SURF LIGERA
Hecha de fibra de vidrio, con un extremo en punta para que resulte más fácil desplazarla.

ESPUMÓN
Espuma blanca que levantan las olas al romper.

HABILIDADES NECESARIAS

Necesitarás equilibrio, fuerza y capacidad para aguantar que un montón de agua salada te golpee la cara y te entre por la nariz y la boca.

VENTAJAS
Cabalgar una ola gigantesca es una emoción increíble y parecerás la persona que más mola del mundo.

DESVENTAJAS
Caerse mil veces, tragar litros de agua, las rachas de calma sin una sola ola. ¡Y los tiburones!

PROBABILIDADES DE CONVERTIRTE EN UN CAMPEÓN

Escasas	Normales	Buenas	Fantásticas

No hay muchas plazas disponibles en los campeonatos de surf, así que tienes que ser muy bueno.

Remo

¿EN QUÉ CONSISTE?

Sentados de espaldas y utilizando unos remos enormes, los deportistas impulsan hacia la meta, lo más rápido que pueden, unas embarcaciones alargadas y estrechas sobre una superficie de agua plana.

EMBARCACIÓN ESTRECHA Y ALARGADA
La longitud del bote depende del número de miembros. Un equipo puede tener de dos a nueve remeros, pero también los hay que compiten solos.

BANCO MÓVIL
Se mueve hacia delante y atrás mientras remas.

ROPA SENCILLA
Pantalón corto, camiseta sin mangas y gorra o gafas de sol.

REMERO DE PROA
Suele ser el miembro más bajo del equipo y es responsable de la estabilidad y la dirección, y de gritar cosas como: «¡Que nos pillan!».

PORTANTE
Sirve para mantener el remo en su sitio.

UN REMO GIGANTESCO
Los remos pueden medir el doble de la altura de los remeros, que usan un solo remo largo o dos remos cortos.

LESIONES
Las más frecuentes son las lesiones en hombros, espalda y antebrazos, pero también tendrás ampollas en manos y pies.

Habilidades necesarias

Los remeros suelen ser altos, fuertes y tener una potencia y forma física impresionantes, con resistencia para dar y regalar. Aunque seas bajo, puede que haya un puesto para ti en la tripulación: de timonel. Eso sí, te hará falta gritar a pleno pulmón y saber dirigir un bote lleno de tipos enormes.

ENTRENAMIENTO

Siéntate en el suelo de la cocina con una escoba en la mano colocada en ángulo correcto. Inclínate hacia delante y atrás mientras haces subir y bajar el palo de la escoba hasta que estés empapado en sudor y sin aliento. Pídele a alguien que te salpique con agua y te grite órdenes mientras practicas remo en la cocina. Cuando termines, dile a tus padres que te suban la paga por barrer el suelo.

UN POCO DE HISTORIA

Remar es una forma de transportarse muy antigua, popular entre los antiguos egipcios, romanos y griegos. En el siglo XVII, los británicos transformaron el remo en deporte de competición. A partir de entonces fue en auge, sobre todo en las escuelas y universidades inglesas. La primera regata entre Oxford y Cambridge se celebró en 1829.

VISTA EN DETALLE

PEDALINAS
Están fijadas al bote con una placa de metal. ¡Viva! ¡Zapatos gratis!

REMERO DE PROA
Es el que marca la cadencia y el ritmo de los remos en el agua. Suele ser el mejor remero de la embarcación.

TIMONEL
Un miembro bajito del equipo que les grita instrucciones a todos los demás.

Jerga para entendidos

BOTE
Otro nombre para la embarcación.

MOTOR
Los remeros centrales de la embarcación, los que aportan más potencia.

PALAS
Otra forma de llamar a los remos.

REMO CORTO
Modalidad en la que se usa un remo en cada mano.

REMO LARGO
Modalidad en la que se colocan las dos manos en un solo remo.

LOS MEJORES

EE. UU., Alemania y Gran Bretaña han sido desde siempre las mayores potencias en remo. EE. UU. tiene 89 medallas en total, 33 de oro.

El británico *sir* Steve Redgrave ha ganado 6 medallas olímpicas, 5 de oro, mientras que la rumana Elisabeta Lipă tiene 8, entre ellas otros 5 oros.

RECUENTO DE MEDALLAS DE REDGRAVE: X5 X1

RECUENTO DE MEDALLAS DE LIPĂ: X5 X2 X1

VENTAJAS

El remo es un deporte fantástico para ponerte en forma y para hacer amistades trabajando en equipo. Además, te sirven mucha comida para que conserves las fuerzas.

DESVENTAJAS

El entrenamiento es muy duro, con sesiones que empiezan casi de madrugada y se alargan todo el día, haga el tiempo que haga. Los remeros están tan agotados al final de la regata que llegan a desmayarse.

VELA

¿EN QUÉ CONSISTE?

Los regatistas deben navegar con el tipo de embarcación que elijan por un campo de regata, intentando ser más rápidos que sus rivales y luchando contra el viento y las corrientes.

DOS REGATISTAS

En la mayoría de las competiciones participan dos regatistas, uno maneja el timón y el otro, las velas.

CABLE DE TRAPECIO

A veces la tripulación tiene que inclinarse por fuera de la embarcación para equilibrar el peso, pero los sujeta un cable de trapecio fijado a la parte superior del mástil.

VELA MAYOR

Los barcos pueden tener que navegar en zigzag por el campo de regata, ya que usan las velas para aprovechar los vientos en distintas direcciones.

LOS MEJORES

Al ser una nación insular, Gran Bretaña, sin duda, domina esta disciplina. Tiene 58 medallas, 28 de ellas de oro.

El británico *sir* Ben Ainslie es uno de los regatistas con más éxito en los Juegos Olímpicos, con 5 medallas, 4 de oro.

RECUENTO DE MEDALLAS DE AINSLIE: X4 X1

Jerga para entendidos

NUDO
Unidad de medida de velocidad.

ESTRIBOR
El lado derecho de la embarcación.

BABOR
El lado izquierdo de la embarcación.

BARLOVENTO
El lado más cercano al viento.

ESCOTA
Un cabo que se utiliza para controlar las velas.

VISTA EN DETALLE

ENTRENAMIENTO

Pliega varias hojas de papel
y construye una flota de barquitos.
Pinta en las velas las banderas de
países de todo el mundo y luego
métalos en una bañera llena de agua.
Coge un ventilador manual y apúntalo
hacia la bañera para generar viento.
Luego, pasa las seis horas siguientes
viendo cómo flotan los barcos e
intentando averiguar cuál de ellos
ha ganado la regata.

HABILIDADES NECESARIAS

La vela es una disciplina exigente tanto para
el cuerpo como para la mente. No consiste
en sentarse en cubierta a hacer un pícnic
y contemplar el cielo. Los regatistas pueden
competir seis horas al día, en las que se
las tienen que ver con las velas a la vez
que intentan procesar gran cantidad de
información sobre la velocidad del viento,
las corrientes, la nubosidad y las mareas.
La inteligencia y la destreza náutica son
esenciales, sobre todo porque las aguas
que te impulsan cambian a cada instante.

Reglamento

En cada una de las 8 categorías se celebran alrededor de
10 regatas, aunque solo por diferenciarse en la clase 49er se
hacen 15 regatas. Las embarcaciones obtienen calificación
según el puesto en el que finalicen en cada una: un punto
por ser los primeros, dos puntos por llegar segundos
y así sucesivamente. Diez de ellas pasan a la regata
final por las medallas, en la que los puntos se duplican.
Gana la embarcación con la puntuación más baja.

A los espectadores puede costarles saber cómo van
las cosas, sobre todo si no tienen prismáticos.

VENTAJAS

Si aprovechas el viento correcto con
la vela, saldrás volando y adelantarás
a todos los demás. Obtener buenos
resultados en tantas regatas requiere
un gran esfuerzo, así que la medalla
es más que merecida.

DESVENTAJAS

Es un deporte muy exigente y hay
que pasar mucho tiempo en el mar.
Los regatistas suelen utilizar unas
tácticas despiadadas entre ellos, así que
no cuentes con hacer muchos amigos.

UN POCO DE HISTORIA

La vela ha estado presente desde que
los cavernícolas vieron que era mejor flotar
sobre el agua que ahogarse. Después,
se siguieron usando los barcos como medio
de transporte y de combate, hasta que a
alguien se le ocurrió que también podían
servir de recreo, y la vela entró en los Juegos
Olímpicos de 1900. En 1904 hubo que
cancelarla porque no había suficientes
veleros participantes, pero regresó en 1908.

LESIONES

Son habituales los cortes,
los hematomas y las
abrasiones en las manos por
fricción con los cabos. También
los golpes en la cabeza con
la botavara de la vela.
Gracias a los chalecos
salvidas, apenas hay
ahogamientos.

PROBABILIDADES DE CONVERTIRTE EN UN CAMPEÓN

Escasas	Normales		Buenas	Fantásticas

La vela no es un deporte barato, y además necesitas
vivir cerca de alguna masa de agua. Si tienes acceso
a una embarcación, tus posibilidades mejoran mucho.

ATLETISMO
Pruebas de pista

¿EN QUÉ CONSISTE?

Los atletas corren varias distancias lo más rápido que pueden alrededor de una gran pista oval. Por si esto no fuera suficientemente difícil, unos tienen que saltar obstáculos y otros pasarse un testigo.

CAMISETA
Para estar frescos, la mayoría de los corredores de fondo usan camisetas sin mangas, ligeras y holgadas.

PANTALONES MUY CORTOS Y LIGEROS
Hechos de un tejido transpirable.

ENTRENAMIENTO
Correr es uno de los deportes para los que resulta más sencillo entrenar: el mundo entero es tu pista.

Jerga para entendidos

LIEBRE
Un corredor que marca un ritmo rápido a propósito. Abandona antes del final y deja ganar a los demás atletas.

EMPATE
Cuando resulta imposible decidir quién ha ganado una carrera.

ANCLA
Es el último corredor, que suele ser el más rápido, en una carrera de relevos.

SALIDA FALSA
Moverse antes del pistoletazo de salida.

LESIONES
Piernas, caderas, rodillas, ingles, tobillos y pies son las partes del cuerpo más castigadas, así que nunca te saltes el calentamiento ni la recuperación.

Un poco de historia

Es probable que los cavernícolas inventaran las carreras de velocidad porque los perseguía un tigre de dientes de sable y que muchos, por lentos, terminaran sirviéndole de cena. Dado que correr es muy sencillo, no sorprende que las carreras fuesen uno de los deportes de los primeros Juegos Olímpicos modernos de 1896. La categoría femenina se incorporó en 1928 y también formó parte de los primeros Juegos Paralímpicos de 1960.

FALLO GARRAFAL

Se contaba que el corredor de 800 metros, Wim Esajas, de Surinam, se quedó dormido y se perdió su única carrera de clasificación en las Olimpiadas de 1960. Tiempo después se descubrió que un responsable de la organización le había dado la hora de comienzo incorrecta.

VALLAS

Están diseñadas para caer hacia delante si los corredores las derriban al saltar. Esto evita que se les enganchen en las piernas.

CAPACIDAD PULMONAR

Los corredores de fondo necesitan una resistencia increíble para mantener un ritmo rápido y constante durante mucho tiempo.

VISTA EN DETALLE

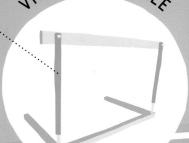

CALZADO CON CLAVOS

Los atletas usan unas zapatillas especiales que absorben el impacto de cada zancada y que llevan clavos para mejorar la tracción.

VENTAJAS

Contarles a todos que eres el más rápido del planeta no está nada mal como forma de echarte flores; además, los atletas de éxito se encuentran entre las personas más famosas del mundo.

DESVENTAJAS

El entrenamiento es duro. Los corredores de fondo pasan mucho tiempo fuera de casa y los velocistas se pueden lesionar con gran facilidad; y quedar cuarto en una carrera debe de ser una de las peores sensaciones posibles.

LOS MEJORES

El estadounidense Carl Lewis tiene 9 medallas de oro y 1 de plata en 100 metros, 200 metros, relevos 4 x 100 metros y salto de longitud. El jamaicano Usain Bolt tiene 8 medallas de oro en 100 metros, 200 metros y relevos 4 x 100 metros. ¡Quizá debería haberse animado también con el salto! Bolt ostenta el récord actual en 100 y 200 metros, así que es la persona más veloz del mundo.

La estadounidense Allyson Felix ha ganado 9 medallas, 6 de oro.

El velocista paralímpico angoleño José Sayovo tiene 8 medallas, 4 oros en 100 metros, 200 metros y 400 metros.

RECUENTO DE MEDALLAS DE LEWIS: X9 X1

PRUEBAS

VELOCIDAD

• 100 metros • 200 metros • 400 metros
• relevos 4 x 100 metros • relevos 4 x 400 metros

En los Juegos Paralímpicos los atletas corren las mismas distancias, pero con 15 clasificaciones distintas en función de la discapacidad. Los 100 metros es la prueba reina de cualquier Olimpiada, a pesar de que acaba en unos diez segundos. Los velocistas necesitan una potencia explosiva para correr muy rápido durante un tiempo muy corto: 45 segundos para 400 metros, que es una vuelta completa a la pista.

VALLAS

• 110 metros (masculinas) • 100 metros (femeninas)
• 400 metros (masculinas y femeninas)

Los corredores deben esprintar y además superar diez vallas a la máxima velocidad antes de llegar a la meta. Las vallas suelen llegar a la cintura, así que se necesita habilidad para saltarlas sin perder el ritmo ni caerse de bruces.

MEDIO FONDO

• 800 metros (2 vueltas a la pista) • 1500 metros (3¾ vueltas) • 3000 metros obstáculos (con vallas y una fosa con agua que saltar)

Estas carreras son más tácticas y en ellas se combina el esprint con un ritmo menos intenso. Los corredores se agolpan y miran constantemente por encima del hombro para ver si se acercan sus rivales antes de prepararse para esprintar en la última vuelta.

FONDO

• 5000 metros (12½ vueltas) • 10000 metros (25 vueltas)
• maratón (42 km y 195 metros alrededor de la ciudad)

Estas competiciones son una auténtica prueba de resistencia, tenacidad, fortaleza mental y lucha táctica con los rivales. Todo tu cuerpo estará gritando: «Esto ya no tiene ninguna gracia. ¿Podemos sentarnos a descansar?». Los fondistas, enjutos y sin apenas grasa corporal, son muy distintos de sus compañeros de equipo velocistas, muy musculosos.

MARCHA

• 20 kilómetros • 50 kilómetros (solo masculina)

La marcha es ese deporte en el que parece que todos llevan prisa por llegar al baño. Los marchadores deben asegurarse de tener un pie apoyado en el suelo en todo momento o se les señalará una «pérdida de contacto». Con tres de estas faltas te sacan tarjeta roja y quedas expulsado. Imagina marchar 49 kilómetros para que te saquen tarjeta roja en la última vuelta.

ATLETISMO

Pruebas de campo

¿EN QUÉ CONSISTE?

Es la parte del atletismo que va de saltar y lanzar. Se practica en medio de la pista oval, aunque el público solo se fija en los corredores.

SALTO DE ALTURA

ESTILO FOSBURY
Esta técnica de salto recibe su nombre por Dick Fosbury, campeón de esta disciplina en 1968.

CALZADO RARO
Para aumentar la elasticidad de su zancada, algunos saltadores de altura usan zapatillas con pequeños clavos en la suela.

LISTÓN ELEVADO
El listón se va subiendo a medida que la competición avanza.

CAMISETA Y PANTALÓN CORTO
Sencillez ante todo.

CAÍDA EN BLANDO
La colchoneta suele tener al menos un metro de grosor para amortiguar la caída.

VISTA EN DETALLE

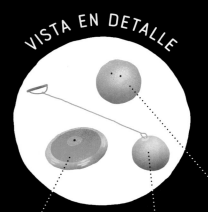

DISCO
Una especie de plato pequeño y pesado.

MARTILLO
Una bola de metal fijada a un cable y con una empuñadura en el extremo.

PESO
Pesa casi lo mismo que una bola de bolera.

PRUEBAS

TRIPLE SALTO

Para deportistas que quieran divertirse aún más que con el salto de longitud; en el primer salto apoyas solo una pierna, en el segundo solo la otra y luego saltas sobre un gran foso de arena con las dos juntas.

SALTO DE LONGITUD

Esprinta por la pista de aceleración hasta llegar a una tabla de color blanco, luego impúlsate todo lo que puedas hacia delante y aterriza en un foso de arena para que no te hagas daño en el trasero. Si pisas la tabla, tu salto no es válido.

SALTO DE ALTURA

Los saltadores tratan de superar un listón sin tirarlo. Para ello utilizan el estilo Fosbury, una técnica que consiste en rebasar el listón primero con la cabeza y luego con el arqueo de la espalda. Los saltadores deben despegar con un solo pie y caen sobre una colchoneta muy gruesa para no lastimarse.

SALTO CON PÉRTIGA

Los saltadores con pértiga esprintan por una pista de aceleración cargando una pértiga larga. Cuando llegan al final, la meten en un cajetín e impulsan el cuerpo hacia arriba para superar, con suerte, un listón muy alto.

HABILIDADES NECESARIAS

Los lanzadores necesitan fuerza, potencia y sincronización. Los saltadores, muelles en los pies.

TIZA EN LAS MANOS

Los lanzadores se ponen tiza en las manos para evitar que el artefacto que lanzan se les resbale.

MALLAS AJUSTADAS

Para que no te enfríes mientras esperas tu próximo turno.

CÍRCULO DE LANZAMIENTOS

Tiene una superficie antideslizante para que los lanzadores no resbalen mientras giran.

Un poco de historia

Retar a los demás a ver quién lanza más lejos un objeto o salta más alto ha sido algo habitual durante milenios. El lanzamiento de jabalina y de disco y el salto de longitud ya formaban parte de los antiguos Juegos Olímpicos. El lanzamiento de disco y el salto de longitud también estuvieron presentes en los primeros Juegos modernos de 1896, y el de jabalina se agregó en 1908.

Además, los Juegos de 1896 incluían: triple salto, que probablemente se basase en el juego infantil del tejo; salto de altura, que surgió en Escocia en el siglo XIX; salto con pértiga, porque en sus inicios era un modo de cruzar ríos y pantanos; y lanzamiento de peso, que comenzó con los soldados que lanzaban balas de cañón en la Edad Media. El lanzamiento de martillo apareció por esa misma época, cuando algún herrero se despistaba y los clientes tiraban sus herramientas, y entró en los Juegos Olímpicos en 1900.

ENTRENAMIENTO

Aquí la clave es gritar. En cuanto te despiertes, planta ambos pies en el suelo y gruñe como un oso polar con jaqueca. Por la tarde, al llegar a casa del colegio, entra en tromba y barrita como un elefante con juanetes. Luego repítelo, por si las moscas. Por la noche, paséate por toda la casa dando palmas hasta que el resto de tu familia te acompañe con el ritmo; a continuación, coge impulso y salta por encima del sofá.

Jerga para entendidos

JAULA

Es la valla alta que rodea el círculo de lanzamientos de disco y martillo. Evita que el público se lleve un trompazo en la cara si la cosa sale mal.

ZONA DE IMPACTO

Donde se supone que deben caer las jabalinas, pesos, discos y martillos tras lanzarlos. Los jueces esperan aquí e intentan que no les den.

VUELO

El tiempo que un saltador está en el aire.

TABLA DE BATIDA

Desde donde se empieza un triple salto o un salto de altura.

JABALINA

Lánzate a toda velocidad por la pista de aceleración llevando una especie de lanza alineada con la cabeza. Arrójala lo más alto y lejos que puedas. Asegúrate de no pisar la línea de falta al final de la pista o tu lanzamiento no será válido.

LANZAMIENTO DE PESO

Empieza por colocar la bola de metal (el peso) debajo de la barbilla y cerca del cuello; luego lánzala lo más lejos que puedas por encima de la altura de los hombros sin salirte del círculo de lanzamientos.

LANZAMIENTO DE DISCO

Sujeta la parte superior del disco, empieza a girar dentro del círculo de lanzamientos hasta que alcances la velocidad máxima y suéltalo. Por suerte, al caer al suelo no se hace trizas como un plato cualquiera.

LANZAMIENTO DE MARTILLO

Da vueltas y vueltas y, después, unas cuantas vueltas más; luego suelta y deja que el martillo vuele por los aires lo más lejos posible. En los Juegos Paralímpicos, los atletas lanzan una maza de madera llamada club o pino.

Atletismo
DECATLÓN y HEPTATLÓN

¿EN QUÉ CONSISTE?

Una competición con distintas pruebas de campo y pista para superhumanos, ansiosos por demostrar que son los mejores atletas del mundo.

PRUEBAS

- VELOCIDAD (m/f)
- SALTO DE LONGITUD (m/f)
- LANZAMIENTO DE PESO (m/f)
- SALTO DE ALTURA (m/f)
- MEDIO FONDO (m/f)
- VALLAS (m/f)
- LANZAMIENTO DE DISCO (m)
- SALTO CON PÉRTIGA (m)
- JABALINA (m/f)
- 1500 METROS (m)

m = masculina   f = femenina

VISTA EN DETALLE

ROPA DE LA SUERTE
Los deportistas se cambian de ropa entre pruebas, pero es probable que tengan una ropa interior de la suerte y se la dejen puesta todo el rato.

1 **VELOCIDAD (100/200 METROS)**
Imagina que te persigue un guepardo enfadado.

2 **SALTO DE LONGITUD**
Te entrará un montón de arena en el pantalón.
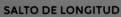

3 **PESO**
Tirar una pesada bola de metal, que deja un buen hoyo en el campo.

4 **SALTO DE ALTURA**
Consiste en saltar por encima de un listón muy alto, o sea, lo contrario al limbo.

MEDIO FONDO (400M + 800M)
Imagina que te persigue un oso enfadado.

5

LESIONES
Como son muchas pruebas, las posibilidades de lesión aumentan.

Reglamento

El decatlón es la competición masculina y consta de 10 pruebas repartidas en 2 días: 100 metros, salto de longitud, lanzamiento de peso, salto de altura, 400 metros, 110 metros vallas, lanzamiento de disco, salto con pértiga, lanzamiento de jabalina y 1500 metros.

El heptatlón es la competición femenina y consta de 7 pruebas repartidas en 2 días: 100 metros vallas, salto de altura, lanzamiento de peso, 200 metros, salto de longitud, lanzamiento de jabalina y 800 metros.

Los deportistas consiguen puntos según la puntuación obtenida en cada prueba, y gana el que haya acumulado más. También tienen que encontrar un hueco para hacer pis, comer algo y escuchar consejos de sus entrenadores en las breves pausas entre prueba y prueba.

PROBABILIDADES DE CONVERTIRTE EN UN CAMPEÓ

| Escasas | Normales | Buenas | Fantásticas |

Tienes que ser un atleta extraordinario para plantearte siquiera atreverte con un decatlón o heptatlón. La mayoría de los competidores son tan buenos que tendrían posibilidad de medalla aunque solo participaran en alguna prueba suelta.

Un poco de historia

El decatlón y heptatlón se remontan a las Olimpiadas antiguas, en las que los organizadores estaban tan hartos de que los atletas presumieran de lo buenos que eran que inventaron una prueba con cinco partes llamada pentatlón; tenía carreras, jabalina, disco, salto de longitud y lucha.

Los Juegos Olímpicos de 1904 contaban con una competición integral, que en 1912 se convirtió en el decatlón. La lucha no tardó en eliminarse porque a nadie le apetecía llevarse una tunda. El pentatlón femenino comenzó en 1964 y en 1984 se transformó en heptatlón.

ENTRENAMIENTO

No hay tiempo para un entrenamiento básico. Tienes que entrenar de verdad todo el tiempo, desde que abres un ojo hasta la hora de dormir, y hasta en sueños en la cama. Incluso si te levantas durante la noche porque tienes que ir al baño, aprovecha para hacer diez flexiones.

Jerga para entendidos

¡AY, CÓMO DUELE!

¡QUIERO QUE VENGA MI MAMÁ!

¿CÓMO QUE AÚN QUEDAN OTRAS SIETE PRUEBAS?

(¡Esto es lo que probablemente te digas a ti mismo tras dos días de competición!)

⑥

VALLAS
Intentar correr rápido mientras alguien coloca pequeñas vallas en tu camino.

⑦

DISCO
Lanzar un plato macizo lo más lejos posible.

VENTAJAS
Si ganas el oro olímpico serás oficialmente el mejor atleta del mundo.

DESVENTAJAS
Es agotador tanto física como mentalmente. Hay quienes lo consideran el deporte más exigente de todos.

⑧

SALTO CON PÉRTIGA
Es como volar usando un palo muy largo.

HABILIDADES NECESARIAS

¡Todas! Fuerza, rapidez, potencia, mucha resistencia, un muelle en los talones... la lista no tiene fin. Por lo general, los deportistas se especializan en unas cuantas pruebas en las que obtener la máxima puntuación, así no necesitan hacerlo tan bien en las demás. Por ejemplo, un buen decatleta puede tener unos resultados excelentes en ocho pruebas y con eso consigue puntos suficientes para compensar las otras dos.

⑩

1500 METROS
Imagina que te persigue un pato enfadado.

⑨

JABALINA
Sería más divertido si se llamase «tiro con lanza».

GIMNASIA

ARTÍSTICA

Anillas

¿EN QUÉ CONSISTE?

Unos deportistas superflexibles compiten en una serie de pruebas distintas, con unas rutinas acrobáticas y proezas de fuerza increíbles.

LOS APARATOS

- **BARRA DE EQUILIBRIO** (f)
- **SUELO** (m/f)
- **BARRA FIJA** (m)
- **BARRAS PARALELAS** (m)
- **CABALLO CON ARCOS** (m)
- **ANILLAS** (m)
- **BARRAS ASIMÉTRICAS** (f)
- **POTRO** (m/f)

m = masculino   f = femenino

HABILIDADES NECESARIAS

Te harán falta flexibilidad y fuerza, además de estilo y, sobre todo, valor. Los gimnastas suelen ser bajos, macizos y potentes. No hay muchos que midan más de 1,80 metros.

ENTRENAMIENTO

Empieza por hacer solamente el pino; luego intenta andar sobre las manos y hacer una flexión en pino con una sola mano. Después ve hasta la tienda haciendo el pino y entra con una doble voltereta hacia atrás. ¿Lo ves? Está chupado.

LESIONES

Las lesiones graves son poco frecuentes, pero los tobillos, muñecas, rodillas, pies y espalda se llevan un buen repaso, sobre todo si aterrizas mal.

MAILLOT
Los gimnastas los llaman maillots, mientras que las gimnastas prefieren llamarlos leotardos. Son prendas ajustadas para que los jueces puedan apreciar los movimientos de los atletas en todo momento.

MUÑEQUERAS GRUESAS Y CALLERAS
Para evitar lesiones.

Jerga para entendidos

GRAN VUELTA
Una rotación completa de la barra desde una posición vertical.

DESGARRO
Una ampolla, normalmente en la mano o la muñeca.

ENTRAR/SALIR
Subir al aparato o bajarse de él.

CLAVAR
Realizar un aterrizaje perfecto.

MORTAL
Un nombre llamativo para una vuelta o voltereta.

LOS MEJORES

Rusia es la cuna de los mejores gimnastas artísticos con 182 medallas, 72 de oro. Por detrás están EE. UU. con 114 y Japón con 98.

La rusa Larisa Latynina tiene el récord de medallas olímpicas en gimnasia, con 18, 9 de ellas de oro. Es la deportista olímpica femenina que más éxitos ha cosechado en cualquier deporte, solo por detrás del nadador estadounidense Michael Phelps en el medallero olímpico de cualquier época.

RECUENTO DE MEDALLAS DE LATYNINA: X9 X5 X4

PROBABILIDADES DE CONVERTIRTE EN UN CAMPEÓN

Escasas	Normales	Buenas	Fantásticas

Tan solo para subirte a la mayoría de los aparatos necesitas muchísima fuerza y flexibilidad. Por lo general, a los gimnastas los seleccionan desde muy jóvenes.

Un poco de historia

Se puede seguir el rastro de la gimnasia hasta la antigua Grecia, donde los soldados empleaban movimientos gimnásticos para prepararse para la guerra. Los practicaban sin ropa, aunque se vestían cuando iban a entrar en batalla. En el siglo XVIII se inventaron los aparatos gimnásticos y empezaron a utilizarse en el ejército, las escuelas y los clubes deportivos.

La gimnasia artística se convirtió en uno de los primeros deportes que formaron parte de los Juegos Olímpicos modernos, en 1896. En 1928 se incorporó una prueba femenina por equipos. Las demás pruebas femeninas lo hicieron algo más tarde, en 1952.

VENTAJAS

Es fácil impresionar a los demás si sabes hacer un doble mortal en el aire.

DESVENTAJAS

El entrenamiento es duro y requiere tiempo. Tienes que estar comprometido al máximo para aprender a desenvolverte en los distintos aparatos.

VISTA EN DETALLE

TIZA
Para tener más agarre y evitar que suden las manos.

DESCALZOS, CON CALCETINES O CALZADO SUAVE
Dependiendo de la prueba.

Caballo con arcos

PANTALÓN CON ESTRIBOS
Llevan unas tiras por debajo de las plantas de los pies.

PURPURINA
Las gimnastas la llevan en el maquillaje, el pelo y el maillot. De momento no ha llegado a las pruebas masculinas.

Barra de equilibrio

PRUEBAS

BARRA DE EQUILIBRIO (FEMENINA)

Las gimnastas ejecutan una rutina de saltos, brincos y vueltas sobre un estrecho travesaño de madera casi del mismo ancho que sus pies.

SUELO (MASCULINA Y FEMENINA)

Una rutina sobre un tapiz de grandes dimensiones, con muchas piruetas y volteretas.

BARRA FIJA (MASCULINA)

Una barra en la que los gimnastas se balancean y hacen mortales y giros. A veces dan un gran salto hacia arriba y vuelven a sujetarse a la barra al caer.

BARRAS PARALELAS (MASCULINA)

Los gimnastas se columpian, elevan el cuerpo y se mantienen en equilibrio usando dos barras colocadas una junto a la otra. Llámalas paralelas a secas para hacerte el entendido.

CABALLO CON ARCOS (MASCULINA)

Un caballo sin cabeza ni cola, con dos grandes asas (arcos) en el centro. Los gimnastas balancean las piernas alrededor del caballo y aguantan el resto del peso del cuerpo con las manos.

ANILLAS (MASCULINA)

Los gimnastas realizan unos movimientos que dejan los músculos hechos papilla, agarrados a dos anillas que cuelgan en altura de una estructura metálica. Se necesita una fuerza extraordinaria; es la versión gimnástica de la halterofilia.

BARRAS ASIMÉTRICAS (FEMENINA)

Dos barras a distintas alturas donde las gimnastas se columpian y realizan acrobacias.

POTRO (MASCULINA Y FEMENINA)

Los gimnastas esprintan por una pista de aceleración, saltan sobre un trampolín y se lanzan contra un potro para realizar una pirueta o algo igual de espectacular mientras vuelan por los aires. Tienen que aterrizar de forma perfecta al otro lado.

GIMNASIA

Trampolín

¿EN QUÉ CONSISTE?

Es lo más parecido a volar para un atleta, con un par de saltos y piruetas acrobáticas añadidos.

MAILLOT
Los saltadores de trampolín visten igual que los demás gimnastas. Algunos usan camiseta y pantalones ajustados.

Jerga para entendidos

CAMA
La parte del trampolín sobre la que saltas.

MILLER PLUS O KILLER
Un doble mortal hacia atrás con cuatro giros.

FLIC-FLAC
Una voltereta doble con al menos medio giro.

SPOTTER
Una zona del trampolín.

Reglamento

Los deportistas disponen de diez rebotes para realizar una serie de piruetas acrobáticas, volteretas, giros y demás movimientos originales. Los jueces conceden puntos según la dificultad, la ejecución y el tiempo de vuelo (puntúan por volar, ¡en serio!). Se pierden puntos si falta alguna pirueta, por caída o por mal aterrizaje. Gana quien obtenga mayor puntuación.

ENTRENAMIENTO

Dedícate a saltar en la cama de tus padres. Cuando vengan a llamarte la atención, da un brinco con voltereta por encima de sus cabezas y sal corriendo.

Un poco de historia

El trampolín actual no se inventó hasta 1935 y comenzó a usarse para entrenar a los astronautas. En los Juegos Olímpicos no se enteraron de lo divertido que era hasta 2000.

UN GRAN TRAMPOLÍN RECTANGULAR
Suele medir unos 5 metros de largo por 3 de ancho, no como esos redondos que se ponen en el jardín.

CRUZ ROJA
Marca el centro de la zona de salto.

MONTONES DE COLCHONETAS Y PROTECCIONES
Por si te caes fuera.

LESIONES
En cualquier parte del cuerpo sobre la que caigas mal: brazos, piernas, cuello o cara. Te quedará un buen hematoma.

HABILIDADES NECESARIAS

Tienes que ser capaz de retorcerte como una rosquilla. También ayuda que te gusten las alturas, porque puedes llegar hasta los 10 metros; eso equivale a tres elefantes uno sobre otro.

VENTAJAS

A menos que tengas previsto que te crezcan alas, esta es tu mejor oportunidad de volar.

DESVENTAJAS

La cosa puede ponerse fea si la pirueta o el bote salen mal y pierdes el control en el aire.

RÍTMICA

¿EN QUÉ CONSISTE?

Unas gimnastas ejecutan pasos de *ballet*, saltos, volteretas, piruetas y demás acrobacias gimnásticas al tiempo que usan equipo deportivo como el que hay en tu colegio.

LOS APARATOS

- CINTA
- ARO
- MAZAS
- PELOTA

Reglamento

Para la prueba individual, las gimnastas compiten una vez con cada elemento. En la prueba por equipos, cinco gimnastas compiten dos veces usando distintos aparatos a la vez. Los jueces conceden puntos por cuestiones como los movimientos corporales, el dominio de cada elemento o la impresión general. Gana quien obtiene más puntos.

UNA CINTA LARGUÍSIMA CON UN PALO CORTO

La gimnasta mueve la cinta en zigzag, círculos, espirales y ondas y, por si fuera poco, la lanza y la recoge.

UN MAILLOT REPLETO DE BRILLOS

Lo que cuenta son los destellos, la elegancia y el glamur.

ENTRENAMIENTO

Empieza por la cinta, que parece el aparato más fácil aunque probablemente no lo sea. Muévela en zigzag y acércasela a tu padre a la cara mientras ve la tele. Cuando te persiga y huyas de la habitación, deja junto a la puerta una maza, una pelota y un aro para que tropiece con ellos.

Jerga para entendidos

ARABESQUE

Postura con una pierna apoyada y la otra extendida en el aire formando un ángulo de 45 grados.

VOLTERETA SIN MANOS

Una voltereta en pleno vuelo.

ZANCADA ADELANTE

Apertura de piernas en el aire.

PUNTERAS

Medias zapatillas especiales que solo cubren la parte delantera del pie.

VISTA EN DETALLE

UN GRAN ARO DE PLÁSTICO O MADERA

Se puede hacer girar, lanzar, atrapar y atravesar.

UNA PELOTA DE GOMA

Más o menos del tamaño de tu cabeza. Se lanza, atrapa, se bota y se hace rodar.

MAZAS SUAVES PARECIDAS A BOLOS

Puedes lanzarlas, atraparlas y hacerlas girar. Pierdes puntos si se caen.

Un poco de historia

Mucho tiempo atrás, los acróbatas actuaban ante emperadores, reyes y malvados caudillos militares. Si la actuación no era de su agrado, a veces acababan con ellos. Así fue durante cientos de años, hasta el siglo XIX, cuando las acrobacias se transformaron en algo parecido a la gimnasia rítmica y ya solo te mataban las agujetas. Los rusos, que destacaban en esta disciplina, la convirtieron en deporte en la década de 1940 y en competición en la de 1960. La gimnasia rítmica se incorporó a los Juegos Olímpicos en 1984 y la competición por equipos se añadió en 1996.

HABILIDADES NECESARIAS

Necesitas flexibilidad, agilidad, coordinación, estilo y gracia. Si eres algo torpe, probablemente no sea lo tuyo.

VENTAJAS

Al público le encanta porque es muy emocionante ver esas coreografías increíbles.

DESVENTAJAS

Muchísimas sesiones de entrenamiento interminables, hasta que parece que el cuerpo se te va a partir en dos.

PROBABILIDADES DE CONVERTIRTE EN UNA CAMPEONA

Escasas	Normales	Buenas	Fantásticas

Si bailas desde que aprendiste a andar, tienes posibilidades.

Escalada deportiva

¿EN QUÉ CONSISTE?

El afán por llegar más alto que los demás es una característica de los seres humanos. Astronauta, alpinista, equilibrista sobre zancos o jugador de baloncesto; todas son profesiones estupendas, pero siendo escalador deportivo olímpico puedes conseguir una reluciente medalla de oro.

Reglamento

La escalada deportiva olímpica en realidad son tres pruebas en una:
1) Escalada de velocidad: Dos escaladores compiten entre sí en una pared de 15 metros.
2) «Búlder»: Cada deportista escala una ruta en una pared de cuatro metros en un tiempo fijo.
3) Dificultad: Una carrera por escalar lo máximo posible en un tiempo fijo.
La persona que mejor se desenvuelve en las tres pruebas, gana el oro.

ENTRENAMIENTO

Empieza por una litera. No uses la escalera, practica escalando hasta la cama de arriba y anota tu mejor tiempo. Si no tienes litera, busca un árbol. Pero ten cuidado, los árboles no vienen con un colchón en el que caer si cometes un error.

VISTA EN DETALLE

CUERDA DE SEGURIDAD
Generalmente hecha de nilón; debe ser flexible y resistente.

LOS MEJORES

Nadie ha ganado una medalla de oro aún, ya que se trata de un deporte olímpico nuevo. Estate atento por si algún país cuela en su equipo a una ardilla vestida con su equipación. Puede que gane el oro, pero seguro que la cola peluda la delata.

PARED CASI VERTICAL
Como es complicado mover una montaña hasta el estadio, los escaladores tienen que conformarse con una pared muy alta.

PRESAS DE COLORES VIVOS
Sirven para trepar por la pared y permiten planificar la ruta con antelación.

MANOS DESNUDAS
No se permite llevar guantes y las uñas deben estar bien cortas.

TIZA
Para mantener las manos secas y aportar agarre.

CALZADO SUAVE Y SUPERAJUSTADO
Ayuda con la tracción de los pies en la pared.

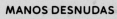

HABILIDADES NECESARIAS

Tienes que ser fuerte, ágil, flexible y tener unos dedos de acero y potencia de agarre. También necesitas buena cabeza para la estrategia, ya que hay que planificar la ruta con esmero. De nada sirve escalar rápido para terminar en el tejado del supermercado por error.

Jerga para entendidos

GUMBY
Un escalador sin experiencia.

BETA
Información sobre cómo completar una ruta de escalada.

CRUX
La parte más difícil de una escalada.

ASEGURADOR
Persona que no escala y está a pie de vía.

PEEL
Caerse.

FLASH
Completar una ruta al primer intento.

BIDEDO
Presa de escalada en la que solo caben dos dedos.

CUT-LOOSE
Cuando un escalador se sostiene solamente con las manos.

BOLSA DE TIZA
Es para llevar la tiza y no aperitivos para la escalada.

LESIONES

Los dedos doloridos y los raspones en las rodillas son habituales, pero otras lesiones más importantes suelen darse en los hombros, que soportan la mayor parte del esfuerzo. Las cuerdas de seguridad evitan la mayoría de las lesiones graves.

VENTAJAS

Escalar hasta la cima más rápido que todos los demás produce una emoción increíble y es una inyección de confianza. Después de haber coronado una pared o montaña enormes, te sientes como si pudieras con todo.

DESVENTAJAS

Puede ser muy doloroso. A veces todo el peso del cuerpo lo sostienen un par de dedos.

PROBABILIDADES DE CONVERTIRTE EN UN CAMPEÓN

Escasas	Normales	Buenas	Fantásticas

Casi todos los escaladores de élite se especializan en una de las pruebas, así que si dominas las tres, tienes muchas posibilidades.

Un poco de historia

Los cavernícolas comenzaron a escalar hace milenios para evitar que los devorasen los tigres de dientes de sable, pero este deporte debuta en los Juegos Olímpicos en 2020. Por desgracia, no quedan dientes de sable, pero sí cronómetros.

TRIATLÓN

¿EN QUÉ CONSISTE?

Tres deportes de larga distancia en uno y sin pausas:
natación, ciclismo y carrera.

Reglamento

El triatlón olímpico comienza con una
travesía de 1500 metros a nado —por lo
general en un lago, río o mar—, seguida
por un recorrido de 40 kilómetros
en bici y una carrera a pie de 10.
Los participantes salen a la vez
y gana el primero en cruzar la meta.

TRAJE DE NEOPRENO
En cuanto acabes de nadar,
quítate el neopreno
y las gafas.

GORRO DE NATACIÓN
Para que puedan
distinguir tu cabeza
en el agua.

**PANTALÓN
Y CAMISETA EN UNO**
El traje de triatlón,
que va debajo
del neopreno,
se seca mientras
pedaleas.

**CASCO Y GAFAS
DE SOL**
Póntelos mientras
intentas enganchar
los pies a los
pedales y salir
zumbando.

Jerga para entendidos

PÁJARA
Quedarte sin
nada de energía.

BOPER
Alguien que va
entre los últimos del
pelotón.

FRED
Deportista que lleva
todo el equipo pero
no suele usarlo.

CD
Siglas en inglés
de enfriamiento.

PROBABILIDADES DE CONVERTIRTE EN UN CAMPE

Escasas	Normales	Buenas	Fantásticas

El triatlón está en auge en todo el mundo
y también hay más plazas disponibles en los
Juegos Olímpicos, con una nueva prueba mixta
por relevos, en la que unos equipos de dos
hombres y dos mujeres nadan 300 metros, hacen
8 kilómetros en bicicleta y corren 2 kilómetros.

Un poco de historia

A alguien aburrido de correr
en EE. UU. se le encendió una
bombilla y decidido incluir más
deportes en su entrenamiento
diario. El primer triatlón moderno
se celebró en California a
mediados de la década de 1970
y desde entonces su popularidad
ha sido increíble. Entró en los
Juegos Olímpicos en 2000
y en los Paralímpicos en 2016.

CALCETINES
Aunque ponértelos
te retrase un poco,
evitan las ampollas.

CORDONES ELÁSTICOS
No tienes que atarlos
y eso ahorra tiempo.

VENTAJAS

Todos se quedan impresionados
si les cuentas que has completado
un triatlón, porque es algo muy duro.

DESVENTAJAS

El triatlón es el deporte
en el que cambiar de ropa
y equipo por antonomasia.
Por desgracia, todo se hace
en plena carrera. Si tardas
mucho en vestirte, este
deporte no es lo tuyo.

PENTATLÓN MODERNO

¿EN QUÉ CONSISTE?

Son cinco deportes distintos (esgrima, natación, hípica, tiro y carreras) comprimidos en un solo día. Una auténtica prueba de capacidad deportiva integral.

PRUEBAS

- ESGRIMA
- NATACIÓN
- HÍPICA
- TIRO
- CARRERAS

EQUIPO DE CARRERA
No olvides echar antitranspirante a las zapatillas. No querrás que nadie se desmaye.

EQUIPO DE ESGRIMA
Te toca volver a afilar la espada (por muy roma que sea).

EQUIPO DE TIRO
Una pena, porque se disparan pistolas láser contra una diana, en lugar de a un extraterrestre.

EQUIPO DE NATACIÓN
Si nadas a braza, olvídate de ganar.

EQUIPO DE HÍPICA
Veinte minutos antes de que comience la exhibición de salto te asignan un caballo al azar. ¡Ya verás como esté de mala uva!

LOS MEJORES

Contra todo pronóstico, Hungría y Suecia encabezan el medallero, con nueve medallas cada país. El húngaro András Balczó tiene tres de oro y dos de plata.

HABILIDADES NECESARIAS

Excepto escalar montañas y cocinar... ¡Todas!

LESIONES

Todas las lesiones de cada deporte pero sumadas.

VENTAJAS

Practicas todos estos deportes en un solo día. No da tiempo a aburrirse.

DESVENTAJAS

Practicas todos estos deportes en un solo día. Es agotador.

PROBABILIDADES DE CONVERTIRTE EN UN CAMPEÓN

Escasas	Normales	Buenas	Fantásticas

Busca en tu armario. ¿Tienes una espada, una pistola láser, un caballo de salto o una piscina?

Un poco de historia

El fundador de las Olimpiadas modernas, Pierre de Coubertin, afirmaba que ideó esta prueba inspirándose en un soldado francés que debía entregar un mensaje. Al pobre muchacho le tocó hacer todo esto en un solo día. La competición masculina comenzó en 1912 y la femenina en 2000.

HALTEROFILIA

¿EN QUÉ CONSISTE?

Los deportistas levantan una serie de pesos enormes fijados a una barra y luego los sostienen sin apenas moverse durante unos segundos.

HABILIDADES NECESARIAS

Potencia explosiva y fuerza. Si te cuesta levantar una maleta pesada, este no es tu deporte. Puedes convertirte en un gran levantador de peso seas como seas. Te clasifican en una categoría distinta en función de lo que peses, hay desde peso gallo hasta superpesado.

Reglamento

La halterofilia olímpica abarca dos disciplinas. En primer lugar tenemos el *dos tiempos*, que a pesar de su nombre es una sola prueba, y en segundo lugar, la *arrancada*, en la que tampoco hay que arrancar un coche.

En la arrancada se levanta el peso en un solo movimiento, mientras que dos tiempos se refiere a que se realizan dos movimientos: uno hasta los hombros (la cargada) y luego por encima de la cabeza (el envión). Tienes que aguantar el peso sobre la cabeza con los brazos y piernas extendidos por completo hasta que un timbre te indique que lo bajes.

Los levantadores disponen de tres intentos con cada peso y, si pueden con él, pasan al siguiente.

VENDAJES EN DEDOS Y RODILLAS
Los levantadores se vendan los dedos, los pulgares, las muñecas y las rodillas para evitar lesiones.

TIZA
El levantador se espolvorea las manos con tiza para que el peso no se le resbale.

CAMISETA
A veces se ponen debajo otra camiseta con mangas.

CINTURÓN ENORME
Soporta y estabiliza la columna vertebral del levantador.

DISCOS DE PESO
También se llaman discos de halterofilia. Están recubiertos de goma para poder soltarlos desde cierta altura sin que hagan un socavón.

VISTA EN DETALLE

BARRA
Los discos de peso se colocan en una barra metálica con zonas de agarre.

ENTRENAMIENTO

Rebózate de pies a cabeza con tiza, luego consigue un palo y cuelga de los extremos objetos cada vez más pesados. Eleva el palo por encima de la cabeza y suelta un alarido que ponga los pelos de punta; así dejas claro que estás haciendo un esfuerzo enorme. No se te ocurra empezar por el objeto más pesado o te harás daño.

ÚLTIMO EMPUJÓN
La posición final del levantamiento, con las piernas rectas y el peso por encima de la cabeza.

LESIONES
Las rodillas, las muñecas y los hombros son las partes que salen peor paradas, pero las lesiones graves no son frecuentes, a menos que tu técnica sea un desastre.

COLORES SEGÚN EL PESO
A cada peso le corresponde un color distinto. ¡Infalible!

MUECAS
Los levantadores gesticulan muchísimo. A veces parece que la cabeza les va a explotar.

Jerga para entendidos

HANG
La posición inicial, en la que levantas el peso del suelo. Suele ser el momento en que te das cuenta de que has cometido un error tremendo.

BLOQUEADORES
Las piezas que se colocan en los extremos de la barra y evitan que los pesos se desplacen.

ESTRIADO
La zona de agarre de la barra.

CALZADO CON CUÑA
Ayudan a que el levantador haga una sentadilla más profunda y genere más potencia.

RODILLAS A LA VISTA
Los jueces tienen que poder ver las rodillas y codos en todo momento.

LOS MEJORES

Rusia, China y EE. UU. lideran los medalleros, aunque Bulgaria y Polonia también merecen una mención especial por sus buenos resultados. Es la segunda mejor especialidad olímpica de Bulgaria, por detrás de la lucha.

Pyrros Dimas es el mejor levantador de peso olímpico, con tres oros y un bronce, además del mejor deportista olímpico griego. Su apodo es «Midas» y comenzó en la halterofilia a los 11 años.

RECUENTO DE MEDALLAS DE DIMAS: X3   X1

PROBABILIDADES DE CONVERTIRTE EN UN CAMPEÓN

Escasas   Normales   Buenas   Fantásticas

Levantar peso en el gimnasio tiene mucho éxito, pero como deporte exige unas habilidades distintas y no son muchos los que compiten.

VENTAJAS
Serás una de las personas más fuertes del mundo y podrás zamparte una montaña de comida. Los levantadores llegan a consumir hasta 8000 calorías al día, ¡el cuádruple de lo habitual!

DESVENTAJAS
Duele, es repetitivo y puede cargar bastante los músculos.

Un poco de historia
Ya en la Prehistoria los seres humanos levantaban rocas pesadas para ver quién era el más fuerte y, por tanto, el mejor. La halterofilia moderna comenzó en los siglos XVIII y XIX, con los forzudos que actuaban en los circos. Se volvió tan popular que se convirtió en uno de los primeros deportes olímpicos en 1896. Se hacían incluso levantamientos a una sola mano. La halterofilia femenina se incorporó en las Olimpiadas de 2000.

Bádminton

¿EN QUÉ CONSISTE?

Un deporte de raqueta en el que pasas un volante
por encima de una red alta. Hay mucha velocidad,
¡y chirridos!

ENTRENAMIENTO

El bádminton es el deporte de jardín
ideal, ya que es casi imposible romper
una ventana o que el volante se cuele
en la parcela del vecino. Ni siquiera
necesitas una red para empezar, con una
cuerda de tender basta. Sin embargo,
a menos que algún familiar quiera ejercer
de árbitro, prepárate para hartarte
a discutir: «¡Sí que entró!», «¡No, fue fuera!»,
«¡Sí que entró!», y así hasta el infinito.

Un poco de historia

Este deporte, que originalmente se llamaba
poona, se practicaba en la India en el siglo XIX
y los soldados británicos lo importaron a su país.
En 1873 un duque británico le cambió el nombre
por el de su casa de campo, Badminton. Menos
mal que la casa no tenía otro nombre. El bádminton
no se convirtió en deporte olímpico hasta 1992.

CORDAJE DE LA RAQUETA
Antes se fabricaba con intestinos
de animales, pero no te preocupes que
ahora son de materiales sintéticos.

**RAQUETA
MUY LIGERA**
Habitualmente
de fibra de
carbono.

REMATE EN SALTO
Los jugadores consiguen
una potencia extraordinaria
y un ángulo descendente
excelente con este golpe.

**ZAPATILLAS
CHIRRIANTES**
Cuando se juega
sobre una pista
cubierta y pulida
suenan como un
coro de ratones.

VISTA EN DETALLE

VOLANTE
Está hecho con 16 plumas
superpuestas; la máxima
velocidad registrada
en una competición es
de 426 kilómetros por hora.

Reglamento

El bádminton es muy sencillo:
golpea el volante, pásalo sobre la
red e intenta que caiga dentro de
la pista. Si logras que toque el
suelo antes de que tu rival llegue
hasta él, te anotas un punto. Gana
el partido el primero que consiga
21 puntos o el mejor de tres juegos.

PROBABILIDADES DE CONVERTIRTE EN UN CAMPEÓN

Escasas → Normales   Buenas   Fantásticas

Es el segundo deporte más popular del mundo, por detrás del fútbol, con más de 220 millones de jugadores. Más de 1000 millones de personas vieron el partido de bádminton de las Olimpiadas de Barcelona en 1992.

HABILIDADES NECESARIAS

Te harán falta unas muñecas muy flexibles, ya que darás golpes desde cualquier posición.

LOS MEJORES

La china Gao Ling es la jugadora olímpica más laureada, con 4 medallas, 2 de oro. Domina China, que acumula un total de 41 medallas, seguida por Indonesia y Corea del Sur. La española Carolina Marín ganó la medalla de oro en las Olimpiadas de 2016.

RECUENTO DE MEDALLAS DE GAO: 1 X2   2 X1   3 X1

VENTAJAS

Es el deporte de raqueta más rápido que existe y es muy fácil empezar a jugar. Además, hacer un remate es toda una satisfacción.

DESVENTAJAS

Quienes no juegan a veces creen que es una tontería de deporte, y el ruidito del coro de ratones puede llegar a ser irritante.

RED
Sus 1,55 metros de altura ponen difícil lo de saltar por encima para celebrar las victorias.

Jerga para entendidos

LOB
Golpe con la mano baja que envía el volante al fondo de la pista.

RALLY
Intercambio de golpes.

PLUMA
Otro nombre que se le da al volante.

CLEAR
Un golpe alto y profundo al fondo de la pista.

KILL
Golpe rápido que es imposible devolver.

Fallo garrafal

En los Juegos Olímpicos de 2012, descalificaron a cuatro equipos femeninos de dobles (dos de Corea del Sur, uno de China y uno de Indonesia) por perder sus partidos a propósito. Pensaron que si perdían, les tocarían unas rivales más débiles en la siguiente ronda.

TENIS

¿EN QUÉ CONSISTE?

Un deporte de raqueta en el que los jugadores se pasan una bola recubierta de una pelusa amarillo chillón por encima de una red usando un círculo con cuerdas sujeto por un mango.

UN POCO DE HISTORIA

El tenis procede del *jeu de paume*, un deporte francés del siglo XI que se jugaba con las manos. Las raquetas de madera aparecieron junto con las normas del tenis moderno en el siglo XIX. Este deporte debutó en las Olimpiadas de 1896, aunque desapareció entre 1924 y 1988; a su regreso, los tenistas ya habían dejado de jugar con traje de chaqueta y vestidos largos.

RECOGEPELOTAS

Se escoge a adolescentes de las escuelas locales para que recojan todas las pelotas durante los partidos. Es mejor que tener clase de Matemáticas avanzadas.

Reglamento

Los jugadores tratan de anotarse puntos golpeando con fuerza la pelota hacia el lado de la pista de su rival y cruzando los dedos para que este no la devuelva. Se puede jugar al tenis con dos jugadores (individual) o con cuatro jugadores (dobles), y también se celebran competiciones en silla de ruedas en los Juegos Paralímpicos.

El sistema de puntuación del tenis no se parece en nada al habitual. Para indicar que tienes cero puntos se dice «love»; la primera puntuación que te anotas es 15, luego 30 y la siguiente, ¡40! Si vuelves a anotar, ganas el juego. Si tu adversario empata 40-40, se denomina «iguales» y el siguiente punto se llama «ventaja».

El primer jugador en ganar seis juegos se anota un set. Gana el partido quien consiga primero tres sets, excepto en las finales masculinas, que son al mejor de cinco. Es probable que tengas que jugar unas cuantas veces para pillarle el truco.

ENTRENAMIENTO

Volvamos al *jeu de paume* para este entrenamiento básico. Coge una pelota de cualquier tamaño, colócate delante de un muro y lanza la pelota contra él. Cuando rebote hacia ti, golpéala con la palma de la mano. Continúa devolviendo la pelota contra el muro hasta que falles, pero ten en cuenta que la pared gana siempre.

VENTAJAS

Los tenistas de élite se encuentran entre las estrellas del deporte más conocidas y mejor pagadas del mundo. Los entrenamientos son divertidos y las lesiones, mínimas. Puedes seguir jugando hasta una edad muy avanzada, alrededor de 42 años.

DESVENTAJAS

Cuando vas perdiendo, cuesta salir de esa espiral. Perder por 6-0, 6-0, 6-0 (un triple rosco) no tiene ninguna gracia, por mucho que te esfuerces por ser positivo. Algunos tenistas pierden los nervios consigo mismos, con el juez de silla y hasta con sus raquetas.

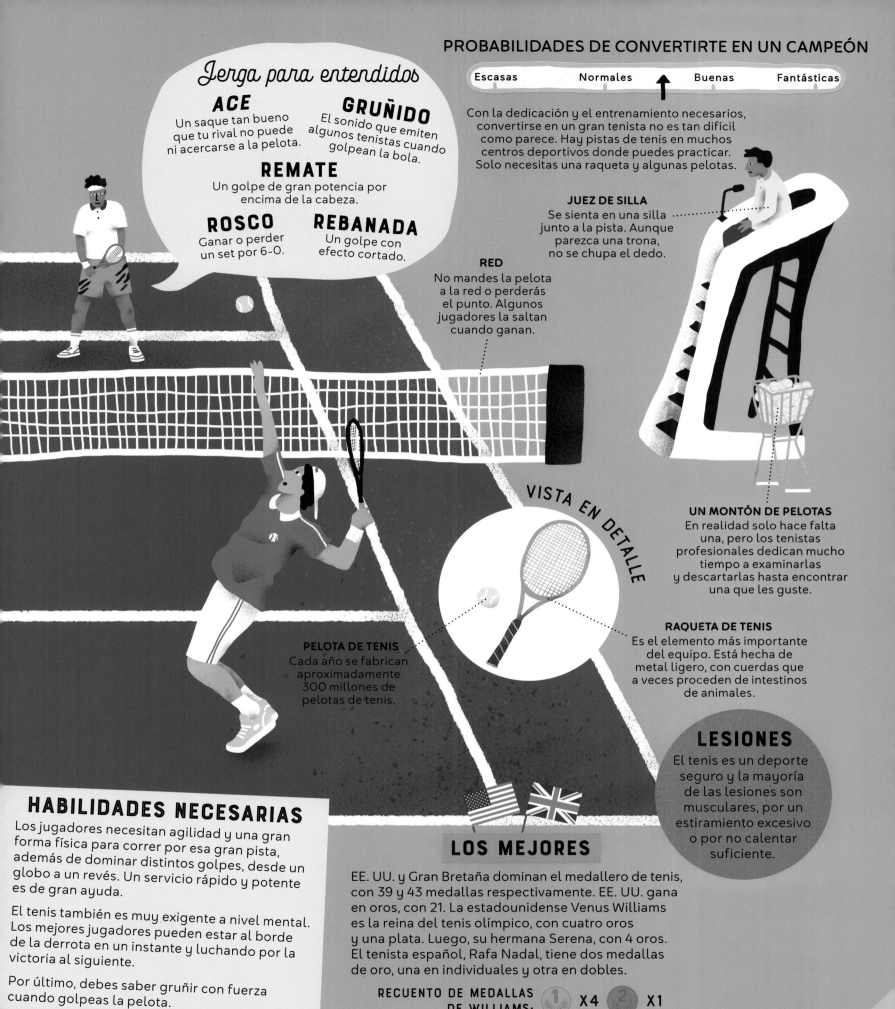

Jerga para entendidos

ACE
Un saque tan bueno que tu rival no puede ni acercarse a la pelota.

GRUÑIDO
El sonido que emiten algunos tenistas cuando golpean la bola.

REMATE
Un golpe de gran potencia por encima de la cabeza.

ROSCO
Ganar o perder un set por 6-0.

REBANADA
Un golpe con efecto cortado.

PROBABILIDADES DE CONVERTIRTE EN UN CAMPEÓN

Escasas	Normales		Buenas	Fantásticas

Con la dedicación y el entrenamiento necesarios, convertirse en un gran tenista no es tan difícil como parece. Hay pistas de tenis en muchos centros deportivos donde puedes practicar. Solo necesitas una raqueta y algunas pelotas.

JUEZ DE SILLA
Se sienta en una silla junto a la pista. Aunque parezca una trona, no se chupa el dedo.

RED
No mandes la pelota a la red o perderás el punto. Algunos jugadores la saltan cuando ganan.

UN MONTÓN DE PELOTAS
En realidad solo hace falta una, pero los tenistas profesionales dedican mucho tiempo a examinarlas y descartarlas hasta encontrar una que les guste.

VISTA EN DETALLE

PELOTA DE TENIS
Cada año se fabrican aproximadamente 300 millones de pelotas de tenis.

RAQUETA DE TENIS
Es el elemento más importante del equipo. Está hecha de metal ligero, con cuerdas que a veces proceden de intestinos de animales.

LESIONES
El tenis es un deporte seguro y la mayoría de las lesiones son musculares, por un estiramiento excesivo o por no calentar suficiente.

HABILIDADES NECESARIAS

Los jugadores necesitan agilidad y una gran forma física para correr por esa gran pista, además de dominar distintos golpes, desde un globo a un revés. Un servicio rápido y potente es de gran ayuda.

El tenis también es muy exigente a nivel mental. Los mejores jugadores pueden estar al borde de la derrota en un instante y luchando por la victoria al siguiente.

Por último, debes saber gruñir con fuerza cuando golpeas la pelota.

LOS MEJORES

EE. UU. y Gran Bretaña dominan el medallero de tenis, con 39 y 43 medallas respectivamente. EE. UU. gana en oros, con 21. La estadounidense Venus Williams es la reina del tenis olímpico, con cuatro oros y una plata. Luego, su hermana Serena, con 4 oros. El tenista español, Rafa Nadal, tiene dos medallas de oro, una en individuales y otra en dobles.

RECUENTO DE MEDALLAS DE WILLIAMS: ① X4 ② X1

Tenis de mesa

¿EN QUÉ CONSISTE?

Un deporte con palas en el que se pasa una pelota blanca, pequeña y ligera por encima de una red minúscula hasta el otro lado de la mesa a una velocidad endiablada.

Reglamento

Haz un saque y manda la pelota al lado de la mesa de tus rivales; seguid enviándola a uno y otro lado hasta que alguno falle o la mande a la red. El primero en llegar a 11 puntos, con al menos 2 de diferencia, gana el juego. Los partidos se celebran al mejor de 7 juegos en categoría individual y al mejor de 5 en dobles.

VISTA EN DETALLE

¡CHO!
Algunos jugadores gritan «cho» (que significa «vamos» en chino) para animarse cuando han ganado un buen punto. Repetirlo todo el rato se considera de mala educación.

PALAS
También se las puede llamar paletas o raquetas.

PELOTA DE PLÁSTICO PEQUEÑA
Es blanca o naranja y pesa lo mismo que una pluma, o casi.

RED
Recta y tirante.

VENTAJAS

Los peloteos del tenis de mesa son uno de los espectáculos más fascinantes que se pueden presenciar; parece que no acaban nunca. El público grita más alto con cada pelota que devuelven.

DESVENTAJAS

Es tan rápido que un buen jugador puede acabar contigo en un abrir y cerrar de ojos.

Un poco de historia

El tenis de mesa lo inventaron en la década de 1880 unos británicos ricos de la época victoriana. Buscaban algo a lo que jugar en la mesa del comedor después de cenar, así que crearon una versión en miniatura del tenis usando libros, tapas de cajas de puros y corchos de champán. Al principio lo llamaron *ping-pong*, *whif-whaf* o *flim-flam*; fue un error garrafal no quedarse con alguno de esos nombres tan graciosos (aunque también se le llama pimpón).

A pesar de su popularidad en todo el mundo, no se incorporó a los Juegos Olímpicos hasta 1988. Sin embargo, sí que ha estado presente en los Paralímpicos desde sus inicios en 1960.

ZAPATILLAS CHIRRIANTES
Las zapatillas, con agarre adicional, chirrían con los giros y movimientos bruscos.

EMPUÑADURAS DE TENIS DE MESA

Existen muchas formas distintas de sujetar la pala, pero las más habituales se clasifican en estas dos categorías: *shakehand* y *penhold*.

Derecho

Revés

Derecho · Revés

SHAKEHAND
El mismo gesto que cuando le das la mano a alguien. Es la empuñadura más utilizada.

PENHOLD
El mismo gesto que para sujetar un bolígrafo, entre el pulgar y el índice.

MESA OSCURA
Para que la pelota destaque.

Jerga para entendidos

TIRO DECISIVO
Golpe con el que se gana el punto.

LOOP
Un golpe agresivo que es el que mayor efecto genera.

BLOQUEO
Golpe en el que la pala no se mueve.

PICOS
La cara rugosa de la pala de tenis de mesa, que da mayor efecto a la pelota.

TWIDDLE
Hacer girar la pala para confundir a tu adversario y que no sepa qué cara vas a usar.

ENTRENAMIENTO
Mueve la mesa de la cocina y pégala a una pared. Haz que la pelota pique en la mesa y en la pared y cuando regrese, intenta devolverla usando la base de una sartén.

LOS MEJORES

China domina el tenis de mesa y ha ganado 53 medallas, 28 de ellas de oro. El segundo lugar lo ocupa Corea del Sur, con 18.

La china Wang Nan es la jugadora olímpica de tenis de mesa con más éxito de la historia. Tiene cuatro oros y una plata. Gana por poco a Deng Yaping, con otras cuatro medallas de oro, y a la que aún se considera mejor jugadora de la historia, a pesar de haberse retirado a los 24 años.

RECUENTO DE MEDALLAS DE WANG: X4 X1

HABILIDADES NECESARIAS

Necesitas agilidad y rapidez con los pies, además de un gran nivel de concentración y una coordinación visomanual excelente. El tenis de mesa es rapidísimo; si parpadeas, te lo pierdes.

PROBABILIDADES DE CONVERTIRTE EN UN CAMPEÓN

Escasas	Normales	Buenas	Fantásticas

El tenis de mesa es uno de los deportes nacionales en China y los niños pueden ir a escuelas especiales desde los 5 años si dan muestras de talento precoz. Para conseguir ese oro vas a tener que superar a 300 millones de jugadores chinos.

CICLISMO

En pista

CASCO
Unos cascos especiales en punta para que los ciclistas sean más aerodinámicos.

Reglamento

Se celebran varias carreras cortas de velocidad y otras más largas de resistencia, que incluyen modalidades con nombres extraños como keirin, persecución, madison u ómnium. En todas hay que perseguirse por una pista oval de 250 metros y tratar de cruzar primero la meta. En keirin una persona va por delante de los ciclistas en una motocicleta marcando el ritmo; queda bastante raro.

¿EN QUÉ CONSISTE?

Carreras de bicicletas en una gran pista oval cubierta llamada velódromo, en las que no paras de mirar por encima del hombro para ver por dónde van los demás.

ROPA AJUSTADA AL CUERPO
Con el trasero acolchado.

UN POCO DE HISTORIA

El ciclismo en pista cubierta comenzó a finales del siglo XIX y se incluyó en el programa olímpico masculino en 1896 y en el femenino en 1984.

BICICLETA DE PISTA
Son rápidas, ligeras y llevan ruedas de carbono. No tienen frenos ni marchas.

En ruta

¿EN QUÉ CONSISTE?

Una carrera larguísima por carreteras normales para ver quién es el más rápido.

MAILLOT DEL EQUIPO
Con un bolsillo especial en la espalda para llevar algún tentempié suculento.

Reglamento

El ciclismo de carretera o en ruta es muy sencillo: gana el primero que cruce la meta. Los corredores del mismo equipo colaboran para intentar que gane su líder.

En las pruebas contrarreloj, los ciclistas salen de uno en uno cada 90 segundos, pero aun así tienen que completar el recorrido en el menor tiempo posible. Corres contrarreloj.

Un poco de historia

Las bicicletas existen desde el siglo XIX, pero sus inventores tardaron algunos años más en añadir pedales y en conseguir un modelo que no tuviera rueda delantera gigantesca y otra trasera diminu conocido como biciclo. Las carreras de bicicletas ruedas de goma comenzaron a celebrarse en la déc de 1860 y el ciclismo de carretera fue uno de los primeros deportes presentes en los Juegos Olímp modernos de 1896.

ME HAGO PIS
Los ciclistas pasan mucho tiempo sobre la bicicleta; algunos buscan un árbol, pero otros se las apañan sin bajarse.

PROBABILIDADES DE CONVERTIRTE EN UN CAMPEÓN

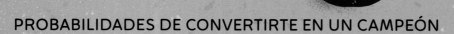

Escasas   Normales   Buenas   Fantásticas

Bajas. Las plazas en los equipos de ciclismo son limitadas y este deporte goza de popularidad en todo el mundo, así que tienes que ser realmente bueno.

LARGA FILA DE CICLISTAS
Cuando compiten por equipos, los ciclistas suelen ir en fila uno tras otro; parecen los vagones de un tren a toda marcha.

Jerga para entendidos

CABRA
Otro nombre que recibe la bicicleta de piñón fijo sin frenos.

CAÍDA
Parte curva del manillar.

DRAFTING
Grupo de ciclistas que corre en fila para ahorrar energía.

BURRA
Otra forma de llamar a la bicicleta.

LOS MEJORES

Entre los medallistas británicos en ciclismo se cuentan algunos de los mejores deportistas olímpicos de todos los tiempos. Bradley Wiggins no solo es el que más medallas tiene, con ocho en total, sino el que más galardones olímpicos ha conseguido para Gran Bretaña. Laura Kenny tiene cuatro oros y es la deportista olímpica británica con más éxito de la historia.

RECUENTO DE MEDALLAS DE WIGGINS:
① X5 ② X1 ③ X2

VENTAJAS
Las piernas se te pondrán fuertes como troncos.

DESVENTAJAS
Pasarás la mayor parte del tiempo mirando las posaderas de otro corredor.

CALZADO FIJADO A LOS PEDALES
Los ciclistas deben seguir pedaleando hasta que la bicicleta pierda velocidad y se detenga.

ENTRENAMIENTO

Ponte ropa que te quede algo apretada, luego siéntate un poco encogido en el brazo del sofá y no pares de darle a las piernas durante seis horas.

LESIONES
Algún ciclista se ha despeñado por un precipicio, pero eso es muy poco frecuente.

CASCO
Ligero y con muchos orificios.

Jerga para entendidos

ATAQUE
Intento de adelantarse al resto de ciclistas.

PELOTÓN
El grupo de ciclistas más numeroso.

FAROLILLO ROJO
El ciclista que va en la última posición.

ROMPEPIERNAS
Recorrido con subidas y bajadas que impide mantener un ritmo uniforme.

GALLO
Recibe este nombre el líder de un equipo o un corredor destacado.

MITONES
Guantes que no cubren los dedos para amortiguar las vibraciones de los baches.

HABILIDADES NECESARIAS

Te harán falta unas piernas fuertes y potentes, una resistencia increíble, ser buen estratega y tener capacidad para pedalear sin caerte.

BICICLETA DE CARRETERA
Resistente pero ligera, con ruedas muy estrechas.

PIERNAS SEDOSAS
Los ciclistas se afeitan las piernas para que sea más fácil limpiar los rasguños.

CICLISMO
De montaña

¿EN QUÉ CONSISTE?

Una larga carrera en bicicleta subiendo y bajando por terrenos irregulares como barrizales, roquedos, arroyos o montañas.

ROPA TRANSPIRABLE
Porque vas a sudar de lo lindo.

KIT DE REPARACIÓN DE PINCHAZOS
Los ciclistas deben reparar todo solos durante la carrera.

BICICLETA DE MONTAÑA
Son ligeras y llevan frenos, suspensión y marchas.

CALZADO
Se engancha al pedal para generar más potencia.

VISTA EN DETALLE

CUBIERTAS GRUESAS
Cubiertas gruesas y con tacos para una mayor tracción.

Jerga para entendidos

ESCARPADA
Una parte difícil de la ruta.

ROOST
Tierra que levantas en un giro cerrado.

MORDISCO DE SERPIENTE
Un pinchazo con dos agujeros uno al lado del otro.

TRIALERA
Camino muy estrecho y dificultoso en el que es habitual caerse.

LOS MEJORES

El francés Julien Absalon y la italia Paola Pezzo tienen dos medallas de oro cada uno.

RECUENTO DE MEDALLAS DE ABSALON Y PEZZO: X2

LESIONES

Ir rápido por terreno irregular es peligroso y la mayoría de las caídas pueden ocasionar cortes y hematomas, aunque las lesiones en hombros, muñecas y brazos son las más habituales.

UN POCO DE HISTORIA

En el siglo XIX, cuando nos dimos cuenta de que la carretera no era siempre el camino más corto, empezamos a montar en bicicleta por todo tipo de terreno. Como esto ocasionaba pinchazos y cadenas rotas cada dos por tres, en la década de 1970 se comenzaron a construir bicicletas específicas para montaña. Las carreras de bicicleta de montaña (MTB) se hicieron un hueco en las Olimpiadas de 1996.

VENTAJAS

El entrenamiento en plena naturaleza es fantástico.

DESVENTAJAS

La naturaleza a veces enseña los dientes.

Reglamento

Unos 30-50 ciclistas deben dar varias vueltas a un circuito campo a través. Suelen tardar una hora y media en terminar y el primero en cruzar la meta se hace con el oro.

HABILIDADES NECESARIAS

Tiene que gustarte pedalear cuesta arriba y salpicarte de barro.

ENTRENAMIENTO

Encuentra un bosque muy espeso por el que montar en bici.

PROBABILIDADES DE CONVERTIRTE EN UN CAMPE

Escasas	Normales	Buenas	Fantásticas

Bajas. En una carrera olímpica solo hay cincuenta plazas, así que para que te elijan tienes que ser uno de los mejores del mundo. Ayuda vivir cerca de una montaña.

BMX

¿EN QUÉ CONSISTE?

Las carreras de bicicletas BMX se celebran en una pista irregular, llena de obstáculos, saltos y curvas cerradas. La prueba de estilo libre consiste en realizar una serie de vistosas acrobacias.

UN POCO DE HISTORIA

El BMX surgió en EE. UU. en la década de 1960 y se basaba en otro deporte: el motocross. Se convirtió en deporte olímpico oficial en 2008. El estilo libre comenzó en la década de 1970 y debutó como disciplina olímpica en 2020.

Reglamento

En la modalidad de carrera de BMX, se celebran pruebas clasificatorias en grupos de 8 deportistas hasta que solo quedan 8 finalistas. Los circuitos tienen entre 300 y 400 metros de longitud y las carreras duran menos de un minuto. El primero que cruza la meta gana.

En estilo libre, los ciclistas se turnan para ejecutar una serie de acrobacias que desafían las leyes de la gravedad en desniveles, rampas, bordillos, muros y barandillas. Los jueces los puntúan de 0 a 100 en cada una de las dos vueltas de un minuto.

PROBABILIDADES DE CONVERTIRTE EN UN CAMPEÓN

Escasas — Normales — Buenas — ↑ Fantásticas

Muy buenas. El BMX es un deporte muy joven y tus competidores principales son adolescentes o ancianos de veintitantos años.

VISTA EN DETALLE

CASCO INTEGRAL
Con protección para la boca.

Jerga para entendidos

EAT · ATE
Sufrir una caída o un choque violentos.

BUTCHER
Un corredor que rompe piezas de su BMX todo el tiempo.

BARSPIN
Girar el manillar en el aire y agarrarlo de nuevo.

TRUCKDRIVER
El ciclista hace girar la bicicleta 360 grados a la vez que realiza un *barspin* en el aire.

CODERAS Y RODILLERAS
Insertadas en la ropa.

CRESTAS
Un grupo de montículos de tierra muy juntos.

LESIONES

Cuanto más espectacular la pirueta, peor puede ser la lesión.

BICICLETA DE BMX
Es pequeña y ligera y solo lleva freno detrás.

HABILIDADES NECESARIAS

Para las carreras de BMX necesitas unas piernas fuertes y potentes, que te permitan pedalear rapidísimo por el circuito. En estilo libre hace falta mucha habilidad y unos nervios de acero.

LOS MEJORES:

El letón Māris Štrombergs tiene dos oros en carrera de BMX masculino, mientras que la colombiana Mariana Pajón lo iguala en medallas en BMX femenino. Es la primera deportista bicampeona de su país.

VENTAJAS

Cuando te sale una acrobacia increíble, quedas genial y te sientes de maravilla.

DESVENTAJAS

Estamparte o fastidiar una acrobacia importante.

RECUENTO DE MEDALLAS DE ŠTROMBERGS Y PAJÓN: X2

ENTRENAMIENTO

Busca un terreno desocupado y pedalea lo más rápido posible hacia cualquier montículo embarrado.

Hípica

¿EN QUÉ CONSISTE?

Una prueba de salto y doma en la que participa el único animal olímpico: el caballo. A diferencia de otros deportes, aquí compiten hombres y mujeres entre sí.

CONCURSO COMPLETO

Jerga para entendidos

¡HIII, HIII!
¿Cuándo comemos?

EQUIPO
Los jinetes llevan casco, pantalón de montar, botas, guantes y un chaleco protector para que no se hagan daño en caso de caída.

CABALLOS
No vale cualquiera; tienen que ser valientes, cuidadosos, atléticos y compenetrarse bien con los jinetes.

GRASA BLANCA EN LAS PATAS
En la prueba de campo a través, a algunos caballos les untan las patas con una grasa blanca para evitar rozaduras con las ramas.

ENTRENAMIENTO
Ponte la ropa más elegante que tengas y busca una pila de estiércol de caballo que limpiar. Intenta no salpicarte.

LESIONES
Si tienes la mala suerte de estamparte contra el suelo, corres el riesgo de sufrir una fractura, dislocación o conmoción.

Reglamento

En el salto, los jinetes tienen que completar un circuito de obstáculos con giros y curvas cerradas en el menor tiempo posible y saltar sin tirar ningún palo para evitar que los penalicen.

La doma es una especie de *ballet* equino en el que caballo y jinete ejecutan una serie de movimientos con fluidez y docilidad al ritmo de la música. Lo único que falta son unas luces de discoteca. Los jueces conceden puntos por la obediencia, la flexibilidad y el equilibrio, y gana quien obtiene mayor puntuación. La doma también forma parte de los Juegos Paralímpicos.

El concurso completo consta de tres pruebas distintas —doma, salto y campo a través— con el mismo caballo. El recorrido de campo a través incluye obstáculos naturales, como árboles caídos, muros, saltos de agua o setos. El jinete y el caballo con menor número de penalizaciones ganan.

UN POCO DE HISTORIA

Tiempo atrás, los seres humanos eran muy vagos y se hartaron de ir andando a todas partes. Por suerte, lograron convencer a los caballos de que hicieran todo el trabajo e incluso de saltar por encima de los obstáculos que se encontraban, y así nació la hípica.

En los Juegos Olímpicos antiguos se celebraban carreras de cuadrigas, pero en los Juegos modernos de 1900 decidieron prescindir de los carros y conformarse con saltar vallas.

Habilidades necesarias

Necesitas ser un jinete excepcional. Un jinete tiene que valerse de las riendas, de las piernas y de leves desplazamientos del peso corporal para comunicarse con el caballo. No está permitido darle instrucciones co la voz al caballo, pero tampoco es un problema, porque en realidad nadie sabe hablar su idioma.

SALTO

CASCO DE SALTO
Importante para protegerte la cabeza si te llevas un revolcón.

OBSTÁCULO
No se permite que los caballos derriben las barras, se detengan en un salto o rodeen el obstáculo.

VENTAJAS

Junto con el pentatlón moderno, es el único deporte olímpico en el que tienes que controlar a un animal. Tu edad no importa: el segundo deportista olímpico de más edad de la historia, el austriaco Arthur von Pongrácz, tenía 72 años cuando participó en las Olimpiadas de 1936.

DESVENTAJAS

Es un deporte peligroso: si un caballo decide que está harto de cargar contigo o se te cae encima puede hacerte mucho daño. Y tampoco huelen a flores.

Jerga para entendidos

APEROS
Equipo del caballo, incluida la silla y las bridas.

PIRUETA
El caballo realiza un giro de 360 grados sobre la pata interior trasera.

RESOPLIDO
Relincho suave que emite el caballo para saludar a las personas o demás animales.

PIAFFE
Término de la doma para un trote elegante realizado en el sitio.

REHÚSE
Cuando el caballo se detiene en un salto.

DOMA

DE PUNTA EN BLANCO
Con frac, guantes y pantalón blancos, botas altas negras y sombrero de copa.

CRINES TRENZADAS
En la doma el caballo también debe ir impecable, con las crines trenzadas con esmero.

MÚSICA
Se supone que el caballo debe danzar con gracia al ritmo de la música, así que piensa bien cuál eliges. Es probable que el *heavy metal* no sea la mejor opción.

LOS MEJORES

Encabeza el medallero Alemania con 52, 25 de oro, y detrás Suecia con 43, 17 de oro.

La alemana Isabell Werth es la amazona con más éxito de todos los tiempos, con 10 medallas, 6 de ellas de oro.

Gran Bretaña ha obtenido 56 medallas en los Juegos Paralímpicos, con 31 oros. Lee Pearson tiene 14 medallas, 11 de oro.

RECUENTO DE MEDALLAS DE PEARSON:

① X11 ② X2 ③ X1

PROBABILIDADES DE CONVERTIRTE EN UN CAMPEÓN

Escasas Escasas Buenas Fantásticas

La hípica no es algo que se pueda practicar en clase de Educación Física en la escuela, después de Mates. No es un deporte barato, y los jinetes suelen ser propietarios de los caballos o haber estado en contacto con ellos desde pequeños.

MONOPATÍN

¿EN QUÉ CONSISTE?

En montar sobre una pequeña tabla con cuatro ruedas gordas por debajo mientras haces figuras y acrobacias.

HABILIDADES NECESARIAS

Equilibrio, habilidad y valor. Para aprender todas estas acrobacias se necesita trabajar duro, y algunas resultan muy peligrosas. Si te salen mal, puedes hacerte mucho daño.

ESCALERAS

Por lo general son esa parte aburrida de las casas para subir a los dormitorios. En este deporte se utilizan para hacer acrobacias.

UN POCO DE HISTORIA

El *skateboarding* surgió en California en la década de 1950, cuando los surfistas decidieron adaptar su deporte a la calle. En los años ochenta y noventa experimentó un éxito arrollador y finalmente llegó a los Juegos Olímpicos en 2020.

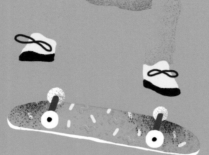

ENTRENAMIENTO

Tírate en el suelo de cemento de un parque una y otra vez. Así te acostumbrarás a caerte del monopatín. Las caídas forman parte de este deporte, así que levántate y vuelve a empezar.

VISTA EN DETALLE

MONOPATÍN
La tabla suele estar compuesta de varias capas de madera.

RAMPA
Un lugar ideal para realizar todo tipo de piruetas. ¡Son pan comido!

Reglamento

Existen dos pruebas de *skate,* como se conoce coloquialmente, en los Juegos Olímpicos: *Street,* en la que los *skaters* alardean de su destreza en un recorrido parecido a una calle, con escaleras, bancos, muros, cuestas, bordillos y ancianos gruñones que los insultan (bueno, vale, esto falta); y *Park,* donde las rampas tienen mucha más profundidad y pendiente, por lo que son ideales para realizar acrobacias en el aire.

En ambas pruebas hay unos jueces que conceden puntos por velocidad, fluidez, dificultad, originalidad y puede que incluso por cuánto molas.

PROBABILIDADES DE CONVERTIRTE EN UN CAMPEÓ

| Escasas | ↑ | Normales | Buenas | Fantásticas |

Si aún estás intentando que te salga el primer *ollie,* te queda mucho camino por recorrer. Solo la flor y nata llega a las Olimpiadas y, aun así, solo pueden participar unos ochenta competidores en total, con un máximo de tres por país en la misma prueba.

LOS MEJORES

El *skate* es un deporte olímpico nuevo, por lo que aún no conocemos a sus próximas estrellas.

LESIONES

No existe un solo *skater* que no se haya lastimado alguna vez. Con suerte, solo te llevarás un buen hematoma en la espinilla, algunos cortes o un raspón contra el asfalto. Si no eres tan afortunado, puedes romperte un hueso, sufrir una conmoción o perder un diente... o diez.

Jerga para entendidos

TABLA
La parte plana de tu monopatín.

ENGORILE
Estar entusiasmado o encantado con algo.

REGULAR
Nombre que recibe quien patina con el pie izquierdo delante

NOSE SLIDE
Clavar la parte delantera de la tabla.

PLANCHAR
Hacer un truco.

OLLIE
Sin usar las manos, conseguir que la tabla dé un salto en el aire.

SUELA GRUESA
Zapatillas diseñadas pensando en la comodidad y resistencia.

ESTILISMO DE PATINADOR
Gorras de béisbol, sudaderas con capucha, camisetas, vaqueros holgados o pantalones cortos... La lista es larga.

RAÍL
Los *skaters* usan cualquier parte de su tabla para deslizarse por encima.

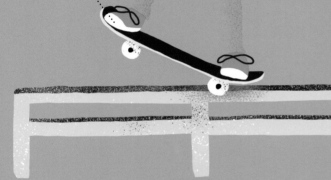

VENTAJAS

El ambiente en las competiciones de monopatín es fantástico y los Juegos Olímpicos no serán una excepción, sobre todo porque han permitido que unos DJ pinchen la música. Es tan divertido que a los *skaters* probablemente se les olvide que deberían estar compitiendo entre sí por una medalla de oro.

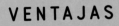

DESVENTAJAS

Golpearte la cabeza contra el bordillo porque no has sabido calcular una acrobacia no queda, ni sienta, nada bien. En realidad, cualquier parte del cuerpo que te machaques contra una superficie de cemento te va a doler. Si eres más bien quejica, aléjate del monopatín.

EJE
Piezas metálicas en forma de T que mantienen las ruedas en su sitio.

CUARTO DE TUBO
La mitad de un medio tubo: una rampa con forma de U y una pendiente pronunciada.

91

¿QUÉ NOS DEPARA EL FUTURO?

Constantemente surgen deportes nuevos. Si empiezan a practicarlos suficientes personas en bastantes países y si cumplen con ciertos requisitos establecidos por los responsables, puede que algún día entren en los Juegos Olímpicos. Aquí presentamos algunos de los posibles candidatos.

JUEGO DE LA SOGA

Una prueba olímpica de las antiguas: dos equipos se retan a tirar de una cuerda más fuerte que sus rivales.

Billar

Unos jugadores de punta en blanco usan un palo, o taco, para tratar de meter bolas de distintos colores en unas troneras en los laterales y en las esquinas de una mesa forrada con fieltro verde.

Kiteboard

Deporte acuático en el que los atletas cabalgan las olas sobre una pequeña tabla de madera o gomaespuma impulsados por una cometa enorme. Las cometas se parecen más a un paracaídas que a esas pequeñas que se llevan al parque.

NETBALL

Un deporte de balón, parecido al baloncesto, pero sin driblar ni correr con la pelota. A los jugadores se les asignan unas posiciones determinadas y no se les permite salir de ciertas zonas de la cancha. Es mucho más rápido que el baloncesto, ya que hay que pasar en tres segundos, lo que también fomenta el trabajo en equipo.

DEPORTES AÉREOS

Hay deportes que se realizan en el aire, por ejemplo: carreras de drones, vuelo sin motor, paracaidismo, vuelo en globo y acrobacias o carreras aéreas.

BREAKDANCE

El *breakdance* espera debutar en las Olimpiadas de 2024, donde chicos y chicas ejecutarán pasos de danza urbana como giros, molinos y otros como *pop, lock, freeze* o *hand hop*.

FÚTBOL AMERICANO

Resulta confuso que lo llamen fútbol, cuando la mayoría de los jugadores usan únicamente las manos. Los jugadores de los equipos, blindados con protecciones, intentan marcar lanzando el balón o corriendo con él hasta la zona de anotación de sus rivales.

AJEDREZ

Dos jugadores se sientan frente a una mesa y mueven peones, caballos, torres, alfiles, damas y reyes por un tablero cuadriculado hasta que uno de los dos logra hacer un jaque mate. Tiene muchísimas normas y puede resultar muy complicado, así que si te gusta observar cómo dos personas miran en silencio un tablero durante horas y horas, este deporte te encantará.

DEPORTES SUBACUÁTICOS

Una amplia gama de deportes que se realizan bajo el agua, entre otros: fútbol, rugby o hockey subacuáticos, natación con aletas, buceo libre, buceo deportivo y acuatlón, que es básicamente lucha bajo el agua... pero no se suda.

Bolos

Lanzar una pesada bola por una pista e intentar derribar los diez bolos para conseguir un pleno. Los jugadores profesionales suelen hacer pleno con cada tiro. Además, llevan sus propios zapatos, en vez de usar esos apestosos de la bolera del barrio.

WUSHU

Un arte marcial chino donde se valoran las rutinas de lucha de los deportistas, que incluyen patadas, puñetazos y saltos. Hay quienes lo comparan con la gimnasia, pero usar armas como espadas, lanzas y *nunchakus* le da cierta ventaja.

FÚTBOL SALA

Se parece un poco al fútbol cinco, pero se juega en un cancha dura y de menores dimensiones, con un balón más pequeño y pesado que apenas bota.

PATINAJE DE VELOCIDAD EN LÍNEA

Es una carrera a toda velocidad con patines que llevan las ruedas en línea. Se parece al patinaje de velocidad sobre hielo. Es rápido y frenético y hay choques constantes.

POLO

En 1900 ya fue deporte olímpico y podría regresar. Los equipos de polo, con cuatro jinetes a caballo, tratan de marcar goles colando una pelota pequeña y dura en la portería de sus rivales. Para ello usan un taco con un mango alargado.

KARTS

Pugna por convertirse en el primer deporte de motor de los Juegos Olímpicos, en el que los pilotos conducen unos karts eléctricos por una pista. A diferencia de la mayoría de los deportes de motor profesionales, todos los karts son iguales, por lo que es una verdadera prueba de habilidad para los pilotos.

GIMNASIA ACROBÁTICA

Es como ser animadora, pero con más dificultad. Unos equipos de gimnastas realizan con elegancia pasos, giros, vueltas, bailes y volteretas al compás de la música. Requiere una gran coreografía, dominio de la técnica y habilidad, además de confianza.

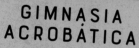

Squash

Es un deporte de raqueta vertiginoso en el que los jugadores golpean una pelota pequeña y blanda contra las paredes hasta que sus adversarios no consiguen devolvérsela.

SUMO

Un tipo de lucha japonesa antiquísima en la que dos hombres muy corpulentos vestidos únicamente con dos cinturones enormes, llamados *mawashi*, se empujan y tratan de echarse fuera de un área circular. El sumo rebosa tradición y los luchadores siguen un modo de vida y un entrenamiento muy estrictos.

ULTIMATE

Un deporte mixto en el que los jugadores anotan puntos pasándole un disco de plástico a un compañero situado en la zona de anotación contraria. No se parece ni remotamente a lanzar el *frisbee* en la playa para que tu perro lo atrape.

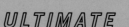

Glosario

ADVERSARIO Tu rival por la medalla.

ANTORCHA OLÍMPICA Una gran antorcha que arde en el estadio olímpico durante los Juegos.

APARATO El equipo que usan las atletas de gimnasia sincronizada.

ÁRBITRO Un oficial que vigila que se cumpla el reglamento y no se hagan trampas.

ASALTO El nombre de un combate o un periodo de tiempo en un deporte de combate.

ATACANTE Tipo de jugador de un equipo que trata de marcar goles o anotar puntos.

BLANCO El centro de una diana.

BÚNKER Un arenero enorme que se traga las pelotas de golf.

CAMISETA Prenda de ropa para el torso.

CATEGORÍA DE PESO En muchos deportes, se pesa a los atletas para clasificarlos en la categoría correspondiente.

CONMOCIÓN Cuando un golpe en la cabeza hace que te marees o te desmayes.

DEBUT Primera aparición.

DEFENSA Tipo de jugador que intenta evitar que los atacantes del otro equipo marquen.

DEPORTISTA Persona a la que se le da bien el deporte; suele estar en forma y tener talento.

DESCALIFICACIÓN Se te acabó la competición. ¡Chao, pescao!

DISCAPACIDAD VISUAL Ceguera total o parcial.

DRIBLAR Cuando un jugador se desplaza con la pelota en una dirección determinada.

EDAD DE PIEDRA Época aún más antigua que la Edad Media.

EDAD MEDIA Época muy antigua en la que no existía internet.

ESPECTADOR Persona que observa un deporte, ya sea de forma presencial o por televisión.

FALTA Un gesto o jugada antirreglamentarios en un deporte.

FIBRA DE CARBONO Un material resistente y ligero hecho de carbono.

FIBRA DE VIDRIO Un material ligero fabricado con finos filamentos de vidrio.

FLOTA Un grupo de embarcaciones que navegan juntas.

JUEGOS OLÍMPICOS Si aún no sabes lo que son, es que no has prestado ni pizca de atención.

JUEGOS PARALÍMPICOS Está claro que no prestas atención, ¿no es cierto?

JUEZ Persona que concede puntos en los deportes artísticos o de combate.

JUEZ DE SILLA Otra forma de llamar al árbitro.

JUGADOR DE CAMPO Cualquier jugador excepto el portero.

NOCAUT Cuando un boxeador tumba a su rival de un golpe y este no consigue volver a levantarse.

LESIÓN Problema que suele doler y puede ocasionar que no sigas compitiendo.

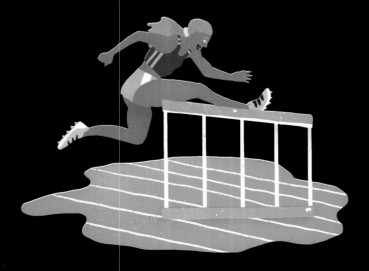

MARATÓN Una carrera muy larga, de unos 42 kilómetros.

MEDALLA Un disco de oro, plata o bronce que se les cuelga del cuello a los deportistas que quedan en primer, segundo o tercer lugar.

MEDIO TUBO Rampa en forma de U que se utiliza para realizar acrobacias.

PELOTEO Sucesión de golpes hacia uno y otro lado de la pista en deportes como el tenis, bádminton o voleibol. Acaba cuando un jugador no consigue devolver la pelota.

PENALTI Una falta o error que suele conllevar un lanzamiento a portería o una reducción de puntos.

PISCINA Un rectángulo enorme lleno de agua en el que compiten los nadadores.

PISTA Una zona oval de carreras en la que compiten los atletas.

PODIO La plataforma especial a la que se suben los deportistas para recibir sus medallas.

PORTERO Jugador que defiende la portería.

POTRO Aparato de gimnasia y ejemplar joven del único animal olímpico: el caballo.

PROFESIONAL Persona a la que le pagan por realizar un trabajo.

PRÓTESIS Partes del cuerpo artificiales.

RAQUETA Pala redonda con cuerdas que utilizan en tenis y bádminton.

RED Se cuelga entre los postes de las porterías para detener el balón o en medio de una pista o mesa como barrera en los deportes de raqueta.

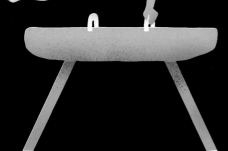

RELEVO DE LA ANTORCHA La antorcha olímpica recorre el país antes de que la lleven hasta el estadio olímpico para la inauguración de los Juegos.

RELEVOS Una carrera en la que en cada etapa participa un miembro distinto del equipo.

REMATADOR Tipo de jugador de un equipo que trata de marcar goles o anotar puntos.

REMO Un palo que se utiliza para impulsar una embarcación o piragua.

RESISTENCIA La energía que llevas en tu interior y que te ayuda a seguir.

SEGUNDA GUERRA MUNDIAL Una guerra terrible que tuvo lugar entre 1939 y 1945.

SUPLENTE Un jugador que sustituye a otro cuando está cansado o juega mal.

TÁCTICA Plan específico que sirve para que un equipo o deportista logren su objetivo.

TATAMI Revestimiento suave del suelo que evita que los deportistas se hagan daño al caer.

TESTIGO Pequeña barra de metal que los atletas se pasan a toda prisa durante una carrera de relevos.

TIZA El polvo blanco que los deportistas se ponen en las manos para conseguir más agarre.

TORNEO Un gran acontecimiento deportivo con muchos deportistas y equipos.

VELA Un triángulo enorme hecho de tela que impulsa una embarcación.

VICTORIA Cuando ganas.

ÍNDICE ALFABÉTICO

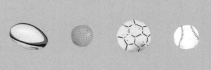